最新
パワハラ対策完全ガイド

和田 隆
Wada Takashi

方丈社

まえがき

2019年5月29日、改正労働施策総合推進法が国会で成立し、企業に対してパワハラ（パワーハラスメント）防止の措置を講ずることが義務化されました。大企業は2020年6月から、中小企業は2022年4月から適用されます。

職場のメンタルヘルス対策やハラスメント対応をメインに、コンサルティングを続けてきた私は、「ようやく来たか」という思いで、この流れを見ていました。

というのも、近年、ハラスメント対策、なかでもパワハラ対策について講演やコンサルティングを求められるケースが急増しているからです。

世の中を見ても、パワハラに対する関心は年々高まっています。産業界だけでなく、スポーツ界や芸能界でも、パワハラ問題が次々と明るみに出て、連日報道されるという事態になっています。

パワハラは、重大な人権侵害です。個人の尊厳を傷つける行為であり、被害者は精神的に追い込まれ、心身に不調をきたしたり、最悪の場合、自殺にまで至ってしまうこともあります。

パワハラがはびこる職場に明るい未来はありません。みんなが萎縮し、仕事への意欲を失い、生産性が低下します。

行為者は、パワハラの内容次第で懲戒処分や訴訟のリスクを抱えることになります。問題が公になれば、会社にとっては計り知れないイメージダウンになるでしょう。パワハラ防止の措置を講じなかったということで、法的責任を問われる可能性もあります。場合によっては、事業の存続すら危うくなるケースもないとは言い切れません。

誰にも幸せをもたらさないのが、パワハラです。

一方で、パワハラの原因として管理職をやり玉にあげ、事あるたびに「パワハラをするな」と注意喚起する風潮も気になるところです。管理職だけにこの問題を背負わせて解決するほど、この問題は単純ではないからです。

ある企業の中間管理職の方は、こんなふうにおっしゃいました。

「上司（役員）からは、毎期毎期、厳しく目標達成を迫られます。今の市場環境がどんなものであるか、目標が現実といかに乖離しているかを説明しても、聞く耳を持ってもらえません。『いいから、やれ』『とにかく結果を出せ』の一辺倒です。

仕方なく方針に沿って対策を考え、部下に指示を出すと、『いたしません』と返ってきます。厳しく求めようものなら『それってパワハラですよ』と言われる始末です。

上司からは『とにかく、やれ』と言われ、人事からは『パワハラするな』と言われ、部下には『いたしません』『それってパワハラですよ』と言われる。

パワハラは〝中間管理職の悲哀〟ですよ」

パワハラは中間管理職の悲哀――なんと悲しい表現でしょうか。

これまで組織のために一所懸命働いてこられた方が、組織の中で八方ふさがりの状態になっている。上からは突き放され、下にはそっぽを向かれ、横からは忠告ばかりされ、孤立を深めている。このままでいいはずがありません。

「悲哀」という言葉には、「もうどうしようもない」というあきらめ感が漂っています。

パワハラという複雑で困難な問題を、ひとり管理職に背負わせて疲弊させるだけではいけない。この問題をもっと建設的にとらえ、管理職の皆さまが希望を持てるような手立てはないだろうか。組織全体でパワハラを解決する機運を盛り上げ、個人も組織もともにイキイキと輝くためのサポートができないだろうか――そんな切なる思いをもって、この本を書かせていただきました。

改正労働施策総合推進法（その中でパワハラに関わる部分については「パワハラ防止法」とも呼ばれています）が実質的にスタートするのは2020年6月です。

パワハラのない職場は、一部の関係者だけに任せておいて実現するものではありません。

全社的プロジェクトとして、全社員の参画のもと取り組みがなされてはじめて実効性を持つものです。

折しもこの年は、東京オリンピック開催の年。誰もが記憶するビッグイベントが日本で行われます。

同じ年にぜひ、組織にとっての一大イベントである「パワハラ防止プロジェクト」をスタートしてください。そして、日本中が一つになって選手を応援するように、組織が一体となって、この難関プロジェクトにチャレンジし、パワハラのない明るい職場、だれもが健康で安心して働ける組織を実現していただくことを心から願っています。

2020年1月

和田　隆

目次　最新　パワハラ対策完全ガイド

第1章　パワハラ対策の必要性と意義

第2章 パワハラの定義と構成要件

第3章 管理職のパワハラリスクと対処法

第4章 パワハラ被害を受けないために

第5章 一人ひとりの意識でパワハラを防ぐ

第6章 パワハラ相談を受ける技術

第7章 パワハラ対策の実効性を高める

[第1章]

パワハラ対策の必要性と意義

ここが知りたい！

- ▼パワハラ防止法って？
- ▼防止対策をしないとどうなる？
- ▼パワハラを訴える人はこれからも増える？
- ▼相談窓口を設置するだけでＯＫ？
- ▼効果的なパワハラ防止対策は？
- ▼経営者がすべきこととは？

不祥事の代表格がパワハラ

今、パワハラ（パワーハラスメント）に世の中の関心が集まっています。企業の不祥事としてニュースになったり、スポーツ界・芸能界のパワハラ問題が週刊誌やテレビのワイドショーをにぎわせたりしています。

興味深いデータを一つご紹介しましょう。広報・メディア対応の専門誌『広報会議』が毎年調査している「ワースト不祥事ランキング」です。これによると、２０１８年に「最もイメージダウンした出来事」についてアンケート調査を実施したところ、トップ10のうち、1位、3位、8位がパワハラ、10位がセクハラでした。また、5位と6位は別の問題で表に出ていますが、背後にパワハラがあったともいわれています。

こうしてみると、この年の不祥事のメインはパワハラだったということになります。

ちなみに、過去のランキングを見ると、企業のデータ改ざんや偽装、有名人の犯罪や不倫などが数多くランクインしていて、パワハラはゼロではありませんが、これほど多くのハラスメントがランク入りしている年はありません。

2018年不祥事ランキング ワースト10

1位	日大アメフット部 悪質タックル問題(58.1%)
2位	「はれのひ」成人式の日に突然の営業中止(48.2%)
3位	レスリング・伊調馨選手、栄和人氏をパワハラ告発(22.6%)
4位	文科省・東京医科大学の裏口入学と入試不正相次ぎ発覚(18.5%)
5位	スルガ銀行がシェアハウスに不正融資発覚(17.5%)
6位	日本ボクシング連盟、内部告発と助成金の流用問題(16.8%)
7位	SUBARU・日産・スズキなど自動車メーカーの品質不正(15.0%)
8位	体操界におけるパワハラ告発問題(11.2%)
9位	中央省庁や自治体の障害者雇用水増し問題(11.1%)
10位	財務省・福田事務次官セクハラで辞任(10.4%)

2018年度不祥事ランキング(月刊広報会議2019年1月号)

不祥事の代表といえばパワハラ——そんな時代が訪れています。

パワハラ防止はすべての人の責務である

2020年6月に改正労働施策総合推進法、いわゆる「パワハラ防止法」が施行されます。この法律の「第三十条の三」に、国、事業主、労働者の責務が明記されています。

つまり、国や企業はもちろん、経営トップから従業員まで、パワハラ防止のために、組織を構成する全員が対策に取り組むことを求めているのです。

大事なところですので、条文を引用しなが

ら確認しておきましょう。

一項は、国の責務についてです。

「国は、労働者の就業環境を害する前条第一項に規定する言動を行ってはならないことその他当該言動に起因する問題（以下この条において「優越的言動問題」という。）に対する事業主その他国民一般の関心と理解を深めるため、広報活動、啓発活動その他の措置を講ずるように努めなければならない。」

冒頭の「労働者の就業環境を害する前条第一項に規定する言動」というのが、パワハラ行為に当たります。パワハラ防止のための旗振り役を国が果たしていくということです。

厚生労働省では、12月を「職場のハラスメント撲滅月間」と定め、パワハラ・セクハラ・マタハラをなくすためのキャッチフレーズを募集するなど、ハラスメントを一掃する気運を高めています。国はこれからも、パワハラ防止のために積極的に情報を発信し、社会全体に浸透を図っていくはずです。つまり、パワハラに対する国民の理解と関心が、今後さらに深まっていくと考えられます。

二項は、事業主の責務です。

「事業主は、優越的言動問題に対するその雇用する労働者の関心と理解を深めるとともに、当該労働者が他の労働者に対する言動に必要な注意を払うよう、研修の実施その他の必要な配慮をするほか、国の講ずる前項の措置に協力するように努めなければならない。」

ここでは、パワハラ防止のために具体的な取り組みをすることを事業主に求めています。もし研修などを実施していなければ、仮にパワハラ問題が起こってそれが不当な行為であることが明らかになったとき、事業主はパワハラ防止に対する努力を怠ったとみなされることになるでしょう。場合によっては行政指導が入る可能性もあります。

パワハラを放置することは許されません。事業主はパワハラ問題と向き合い、今後はこの法律を踏まえたパワハラ防止対策を講じていくことが必要になります。

三項も事業主に向けての条文です。

「事業主（その者が法人である場合にあっては、その役員）は、自らも、優越的言動問題に対する関心と理解を深め、労働者に対する言動に必要な注意を払うように努めなければならない。」

経営者自身がパワハラについてしっかり学び、職務としてこれを防止するための行動をとらなければならないと定めています。

私は今、多くの企業でパワハラのセミナーや講演を行っています。その開催にあたり、冒頭で経営トップの方があいさつをされることも少なくありません。これは大変いいことです。パワハラ防止の取り組みは、組織を挙げて行うべきものです。トップ自らがその意思を示し、従業員の皆さんにメッセージを発することはとても重要です。

ただ、残念なことに、冒頭のあいさつが終わると、あとの話は聞かずにそのまま退席されることがほとんどです。このことを、私は残念に思います。

パワハラに関して中途半端な理解や自分流の解釈をしているだけでは、対応を誤る可能性があります。経営者こそ、従業員の先頭に立ってパワハラに関する正しい知識を身につけ、防止に向けた取り組みを率先する姿勢を示していただきたいものです。

四項は、労働者の責務です。

「労働者は、優越的言動問題に対する関心と理解を深め、他の労働者に対する言動に必要な注意を払うとともに、事業主の講ずる前条第一項の措置に協力するように努めなければならない。」

労働者も決して傍観者であってはいけないことを、この条文は示しています。パワハラは、パワハラをする人・される人だけの問題ではありません。職場全体の問題、その職場が抱える潜在的な課題の象徴として、パワハラが表面化していると、私は考えています（これについては、第3章で詳しく述べます）。

経営者、管理職はもちろん、一般従業員も、パワハラ問題に無関係な人はいません。それぞれが、それぞれの立場で、それぞれのタスクを果たしていくことで、パワハラのない明るい職場を築いていけるのです。

パワハラがはじめて労災と認定された事件

企業社会にパワハラ問題の重大さを気づかせるきっかけとなった出来事があります。

2007年10月、N社に勤務していた男性社員が自殺したのは、度重なる上司からの暴言やいじめが原因であるとして、パワハラによる自殺がはじめて労働災害（労災）と認定された裁判事例です。

それまで、上司のパワハラによって部下がうつ病を発症し、自殺に至ったとしても、労働基準監督署が労災と認定することはありませんでした。なぜなら、労災の評価項目に、パワハラに該当するものがなかったからです。

この男性社員の遺書には、上司から浴びせられた言葉として「存在が目障りだ。いるだけでみんなが迷惑している。お願いだから消えてくれ」「車のガソリン代がもったいない」「おまえは会社を食い物にしている。給料泥棒」などが記されていました。

男性の妻は、夫が自殺したのは上司の暴言が原因だとして、会社ではなく、労災を認めない労働基準監督署とその署長を訴えました。その結果、東京地裁は「上司の言葉は過度に厳しく、男性社員のキャリアだけでなく、人格や存在を否定するものもあった」「客観的にみて精神障害を発症させる程度に過重な心理的負荷を受けている」などとして、上司の暴言と男性社員の自殺の因果関係を認め、労働基準監督署に対して労災を認めるべきだという判決を出したのでした。

この判決をきっかけに、各地でパワハラをめぐる行政訴訟が起こるようになりました。２００９年、ついに労災の認定基準に「嫌がらせ、いじめ、暴行」という項目が追加されました。なかでも、労災にあたるかどうかを判断する際に評価される「業務における心理的負荷の評価」は、「レベル3」(ストレスが大きい順に「3」「2」「1」)と位置づけられました。「パワハラは許さない」という労基署からの強いメッセージです。

パワハラを認定するための項目がなかった時代から、パワハラが明確に労働災害として認められる時代へと大きく変化したのです。

パワハラはコンプライアンスの重要課題である

さかのぼってみれば2000年、企業にとって、メンタルヘルスへの認識が大きく変わる出来事がありました。大手広告代理店に入社した男性社員が、慢性的な長時間労働を強いられ、入社1年5か月後に自殺したことをめぐる裁判です。

それまで、自殺は本人の意思によるものであり、原則として労働災害と認められることはありませんでした。

ところが、この裁判では、過労によるうつ病の発症が自殺を引き起こしたとして、業務と自殺との関連がはじめて認められたのです。会社と上司はこの男性社員が長時間労働により健康状態が悪化していることを認識しながら、負担軽減措置を取らなかったとして、最高裁が会社の過失責任（安全配慮義務違反）を認定したのでした（最終的に遺族に約1億6800万円の損害賠償を支払うことで和解）。過労死自殺に対して、企業の安全配慮義務違反がはじめて認められた、画期的な裁判でした。

この判決によって、企業が労働者に対して配慮すべき「安全」とは、身体だけでなく、心の健康（メンタルヘルス）も含まれることが明確になりました。企業のメンタルヘルス対策が福利厚生からリスク管理に移行したこの転換の年は、「メンタルヘルス元年」とも呼ばれています。

同様に、パワハラによる自殺が労災と認められた2007年は、「パワハラ元年」と呼べるのではないかと、私は考えています。

この年以降、企業にとってパワハラは、単なるモラルの問題、コミュニケーションの問題から、労災リスクを抱えるコンプライアンスの問題へと一変しました。

パワハラはブラック企業の証

もう一つ、事例を紹介します。

A社で高卒の新入社員（19）が入社半年後に自殺したのは、上司によるパワハラが原因として、遺族が損害賠償を求めた事案です。

新入社員は、上司の発言を手帳に書き残していました。「相手するだけ時間の無駄」「反省しているふりをしているだけ」「嘘を平気でつく。そんなやつ会社に要るか」「死んでしまえばいい」……。

2014年11月、地裁は、これらの発言を「仕事上のミスに対する叱責の域を超えて、男性の人格を否定し、威迫するものである」として、典型的なパワハラと認め、会社と上司に約7200万円の損害賠償の支払いを命じました。

事はそれだけでは済みませんでした。

A社は、翌年の「ブラック企業大賞」の「特別賞」に選ばれてしまいます。

通常、ブラック企業大賞にノミネートされるのは大企業がほとんどで、中小企業が選ばれることは稀です。やはり大企業のほうが、社会的責任が重く、社会に与えるインパクトも大きいからでしょう。中小企業の場合、一度ブラック企業のレッテルを貼られてしまうと、その後の存続さえ危うくなりかねません。

しかし、このケースの場合、パワハラ内容の陰湿性や、未成年の労働者を自殺に追い込んだ悪質性などを鑑みて、ノミネートされたようです。

「パワハラ＝ブラック企業」――そんな認識が、世の中に広がっています。

パワハラは今後も増加する？

こうした事態を受け、厚生労働省では、職場のパワーハラスメントの予防・解決に向けた取り組みを支援する必要があるとして、ワーキング・グループの開催、パワハラ対策総合情報サイト「あかるい職場応援団」の開設、パワハラ実態調査の実施などを進めてきました。

実態調査では、パワハラの発生状況や従業員の意識、企業の取り組みなどが明らかになりました。

例えば、「過去3年間にパワハラを受けたことがあると回答した従業員」は、平成24（2012）年度が25・3％だったのに対し、4年後の平成28（2016）年度には32・5％に増加しています。

パワハラが問題視され、各企業がさまざまな取り組みを始めているにもかかわらず、パワハラの件数が増えるのはなぜでしょうか。それは、パワハラという言葉が次第に世の中に浸透し、これまではパワハラと認識していなかった問題も、人びとがパワハラだと感じるようになったり、パワハラという言葉で表現するようになったからだと考えられます。


現に、従業員向けの相談窓口を設置している企業に、相談の多いテーマを尋ねたところ、トップが「パワーハラスメント」（32・4％）という結果が出ています。以下、「メンタルヘルス」「賃金・労働時間等」「セクハラ」と続きますが、今や働く人の最大の悩みはパワハラであるといっても過言ではない状況です。

ということは、今後「パワハラ防止法」がスタートし、多くの企業が対策を進めたとしても、この数字はさらに伸びていく可能性があります。声を上げられなかった人、声を上

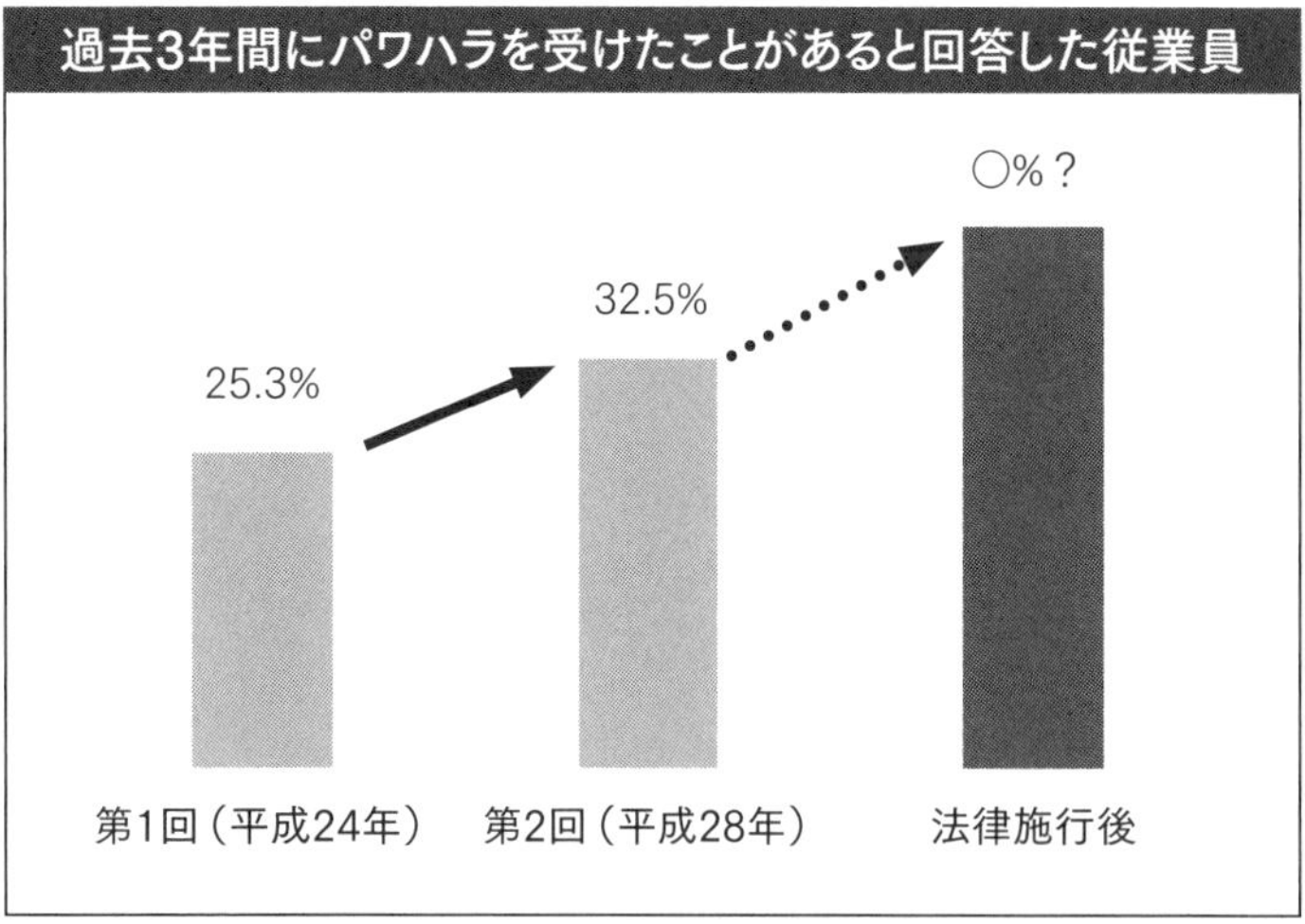

パワハラ実態調査（1）（厚生労働省　平成28年7月－10月調査）

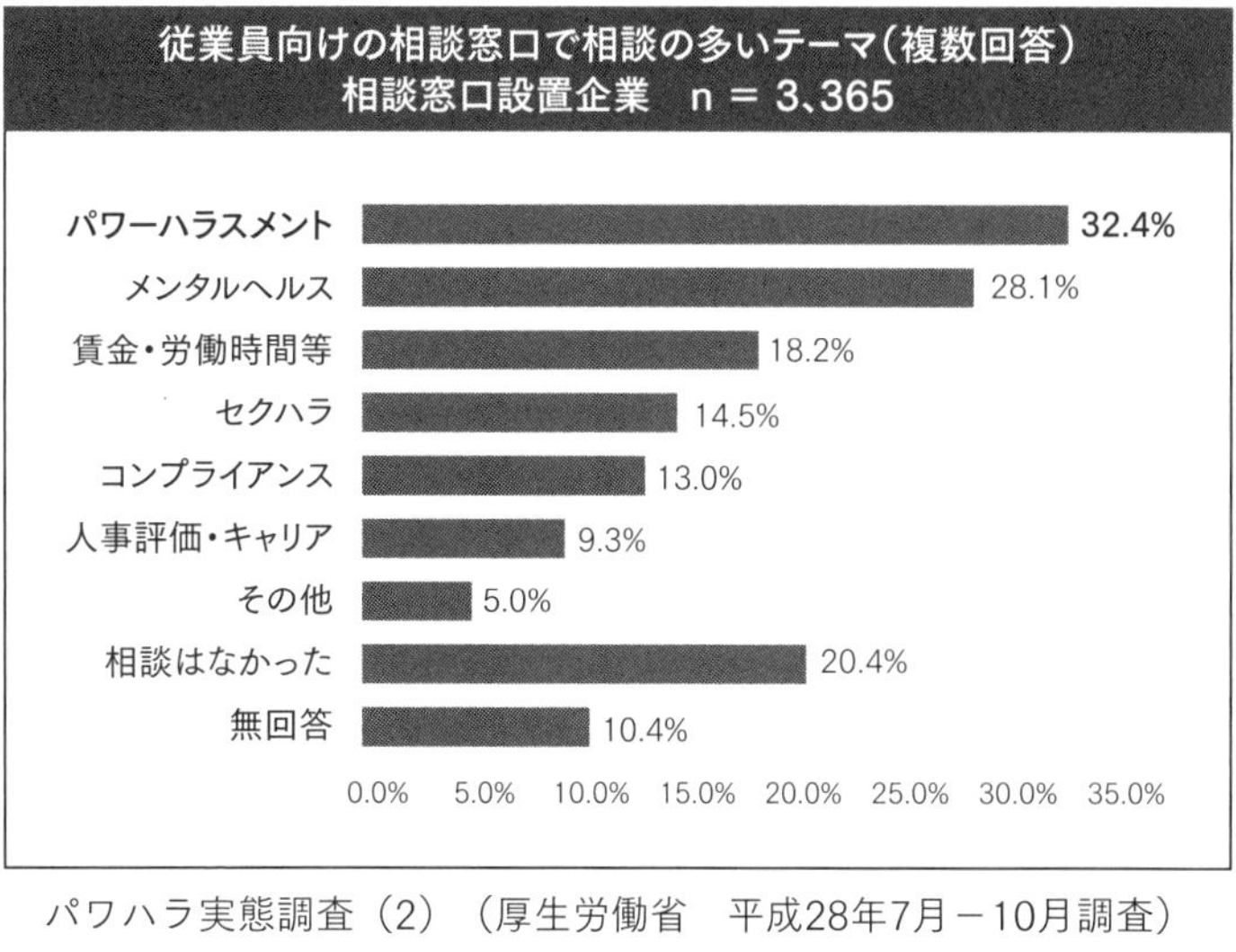

パワハラ実態調査（2）（厚生労働省　平成28年7月－10月調査）

げにくかった人が声を上げるようになるからです。ですから、数字が増えること自体は、決して悪いことではありません。

隠れていた問題が表面化することで初めて、対処もできますし、その後の対策を立てることもできます。職場の実態が明らかになり、働く人たちの環境をより良い方向に改善していくきっかけにすることができるのです。

ただし、そのためには初期対応が重要です。初期対応に失敗すると、問題はさらに大きくなります。最悪の場合、訴訟に発展する可能性も否定できません。

そこで、企業がどのようなパワハラ防止対策を行うか、なかでも初動のカギを握る相談窓口でどのような対応がなされているかが、ポイントの一つになるでしょう（窓口対応のポイントについては、第6章で詳しく解説します）。

パワハラ対策を効果的にするために

ところが、現在のところ、企業のパワハラ対策が功を奏しているのかといえば、必ずしもそうではない現状が浮き彫りになっています。

先ほどの厚労省のパワハラ実態調査で、パワハラを受けたと感じた人がその後にとった行動を尋ねてみると、いちばん多かったのは「何もしなかった」（40・9％）です。

次に多かったのは「会社関係以外に相談した」（24・4％）です。

「会社関係に相談した」という人は5人に1人（20・6％）しかいません。社内に相談体制が整っていないか、窓口はあってもそれが機能していないことを示しています。

「パワハラを受けたと感じても何もしなかった理由」を尋ねてみると、「何をしても解決にならないと思ったから」が68・5％とダントツのトップです。

働く人たちが、自分の職場や会社にはパワハラを解決する力がないと思っている――これは由々しき事態です。

さらに、そのほかの理由として「職務上不利益が生じると思ったから」「人間関係が悪くなることが懸念されたから」「パワハラがエスカレートすると思ったから」が挙げられています。これは、働く人たちがパワハラに対して何か行動することについて、恐れや不安を抱いていることを意味しています。

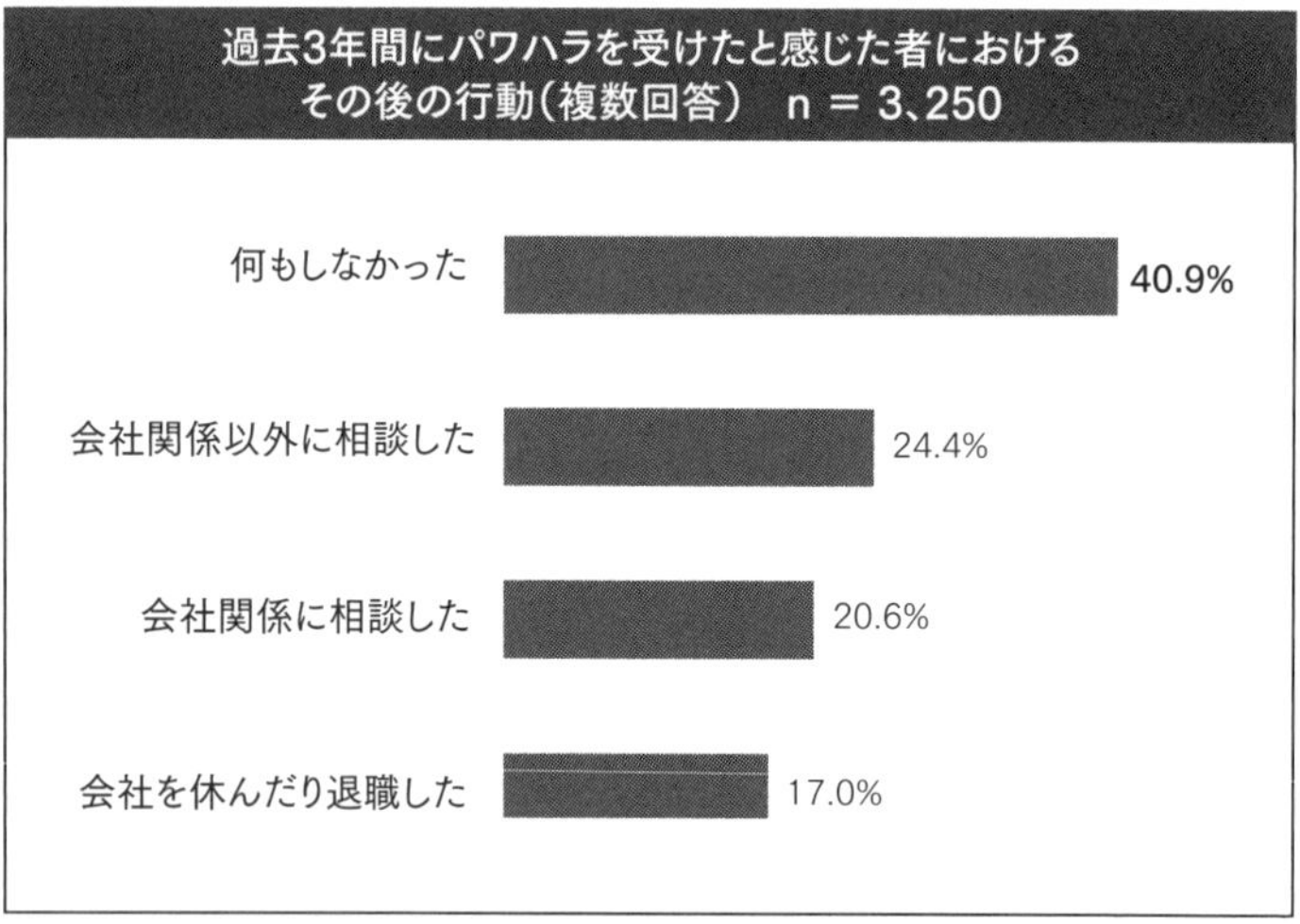

パワハラ実態調査（3）（厚生労働省　平成28年7月－10月調査）

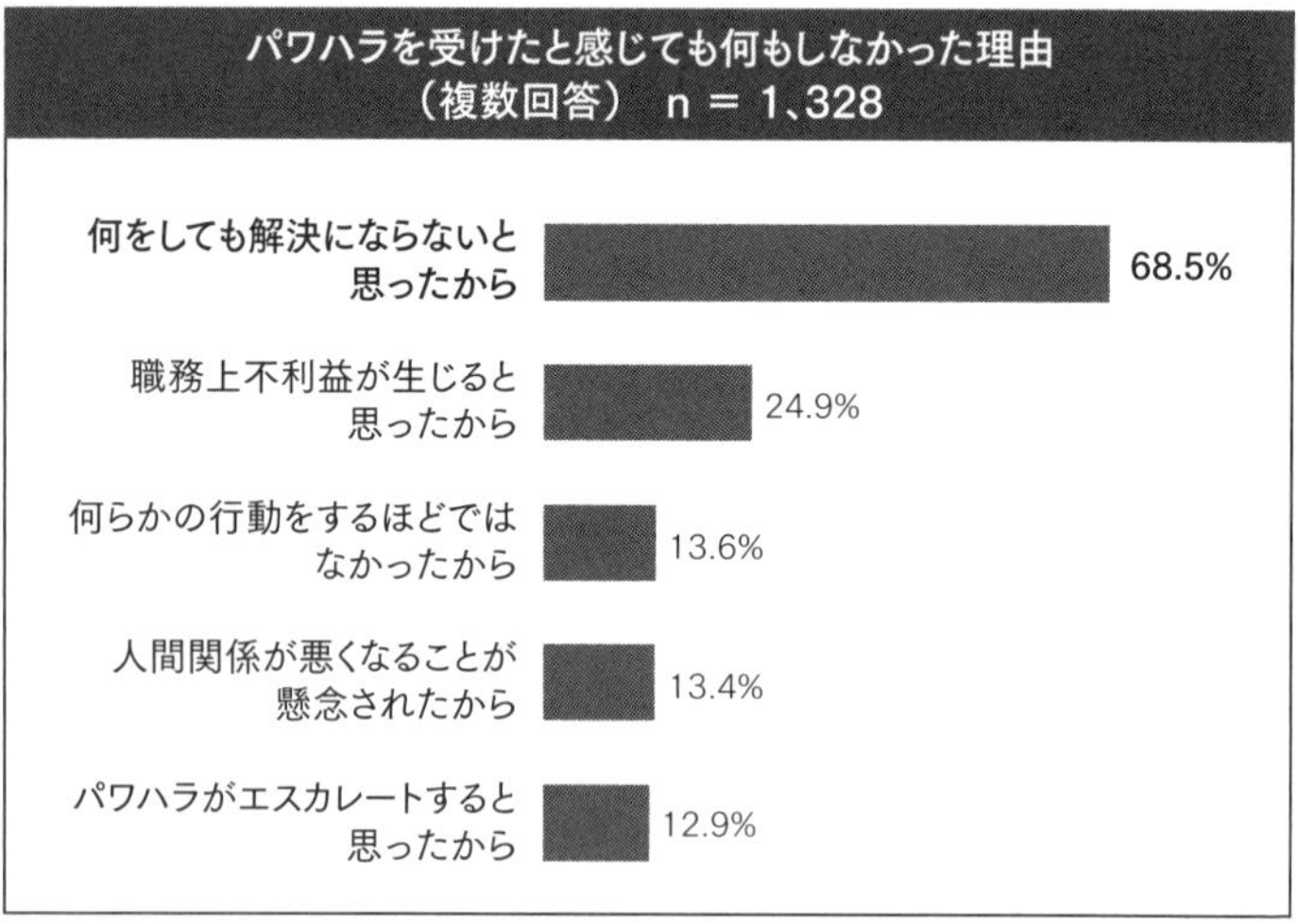

パワハラ実態調査（4）（厚生労働省　平成28年7月－10月調査）

アメリカのグーグル社は、長年の人事関連研究の成果報告として、チームの生産性を最大化する要素は「心理的安全性」であると指摘しています。自分の思ったこと、感じたことを自由に発言できる環境、周囲に対して過度に遠慮することなく行動できる雰囲気のある職場が、メンバーのパフォーマンスを上げ、チームの生産性を向上させるのです。

日本の企業が今、「努力はしているのに結果がついてこない」というフラストレーションを抱えているのは、職場の心理的安全性の低さにもその一因があるように思います。

今の若い世代は、昔の世代に比べてたいへん「傷つきやすい」という特徴があります。何か行動を起こして叱られるよりも、何も行動せずに叱られたほうがマシ、と考えます。そのほうが、自分が傷つかないからです。

そういう若い人たちを見て「動かない」「チャレンジしない」と嘆いてみたところで、何も変わりません。それよりも、彼らから不安や恐れを取り除き、職場における心理的安全性を高めるほうが、上司や経営者が望む姿に近づくはずです。

そんな職場をつくることが、パワハラに対しても「あきらめ感」を持たなくてもいい雰囲気、「風通しが良い」と感じる職場風土を生むことにつながります。

パワハラ対策はすべての問題を解決する

実際、パワハラ実態調査においても、興味深い結果が出ている項目がありました。

それは、「パワハラの予防・解決のための取り組みを進めた結果、パワハラの予防・解決以外に得られた効果」についてです。

取り組みを実施した企業には、さまざまな効果が表れています。

まず、管理職の変化です。

「管理職の意識の変化によって職場環境が変わる」（43・1％）

「管理職が適切なマネジメントができるようになる」（28・2％）

従業員の意識も変わります。

「会社への信頼感が高まる」（27・5％）

「従業員の仕事への意識が高まる」（18・5％）

職場の雰囲気が良くなる様子もうかがえます。

「職場のコミュニケーションが活性化する」（35・6％）

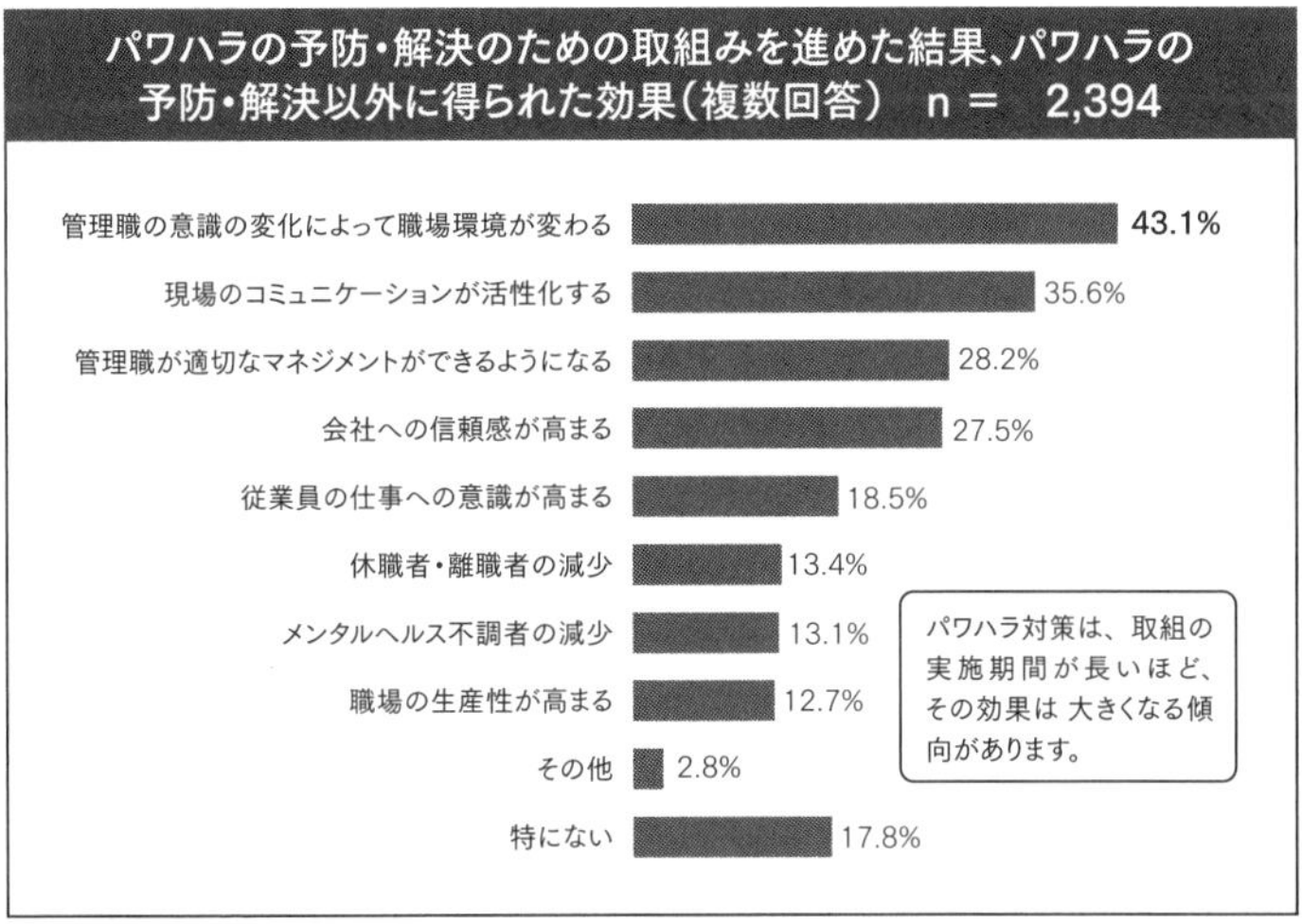

パワハラ実態調査（5）（厚生労働省　平成28年調査）

「メンタルヘルス不調者の減少」（13・1%）結果的に、「休職者・離職者の減少」（13・4%）がみられ、「職場の生産性が高まる」（12・7%）ことになります。

これらの効果は、取り組み期間が長いほど、大きくなる傾向があることもわかっています。

こうしてみると、パワハラ対策に取り組むことは、組織内の個々人に変化を促し、パワハラ問題だけでなく、コミュニケーションやマネジメントのあり方にまで、大きな影響を与えることがわかります。それは、従業員が心身ともに健康で働ける職場をつくることになり、生産性の向上や人材の成長、商品・

サービスの質の向上にもつながります。

今、企業は社会からさまざまな課題を突きつけられています。コンプライアンス、働き方改革、ダイバーシティ経営……などなど。これらの根底に必要なのが、一人ひとりが安心して働ける職場風土の形成です。

パワハラ対策というと、どうしても「あれをしてはいけない」「これに気をつけなければならない」といった後ろ向きの対策のイメージがつきまといがちです。

でも、パワハラ対策とは、働く人が健康で安心して働ける職場づくりを推進することであり、個人を尊重し多様性を受け入れる価値観を形成することであり、変化に強く活力のある組織づくりに直結します。パワハラ対策は職場のすべての問題を解決する――そういっても決して過言ではないと、私は考えています。

ぜひ、パワハラ対策を前向きにとらえ、組織の活性化や、健全で健康な経営に結びつけてください。

経営者のタスク

ここまでお読みいただいた方は、パワハラが、当事者間の人間関係の問題、コミュニケーションの問題として収まるものではなく、組織全体で取り組むべき大きな課題であることをご理解いただけたことでしょう。

しかも、「研修を受けた」「講演を聞いた」という一時的な活動だけでは、長続きしません。人事部任せ、担当者任せにしても、対応しきれません。中長期的なプロジェクトとして、全員に参加してもらう取り組みです。

プロジェクトでは、参加するすべての人にタスクが与えられます。たとえば経営者には経営者の、管理職には管理職のタスクがあります。もちろん、一般社員にもあります。

本書では、それぞれの立場でどんなタスクが求められているのかを章ごとに示していきます。自分と異なる立場のタスクも決して無関係ではなく、プロジェクトの全体像を把握するためにも必要ですので、すべての章に目を通していただくのが基本です。

そのうえで、自分自身の立場に当てはまる章は、とくによく確認をするようにしてください。

この章で取り上げるのは「経営者のタスク」です。

経営者のタスクは、次の3つです。

1 パワハラをアップデートする

2 トップダウンでプロジェクトを発足させる

3 トップのメッセージを発信する

パワハラをめぐる状況は、刻々と変化しています。昔の感覚や価値観を引きずったままでいると、対応を大きく誤ってしまう可能性があります。

パワハラに対する世の中の目は、厳しくなっています。それとともに、人びとの受け止め方も敏感になっています。

経営者は、パワハラの定義や構成要件（第2章で解説）など「パワハラとは何か」を正しく理解することに加え、世の中の受け止め方、今働いている人たちの感覚を、つねにキャッチし、アップデートしていかなければなりません。

パワハラを問題にするのはだれかといえば、従業員、なかでも若い世代の人たちです。経営にあたる皆さまは、ぜひ従業員の話に耳を傾け、その人たちがどんな気持ちでいるのかをよく把握するようにしてください。そこが見えていないと、問題の本質をとらえることができず、有効な対策が打てません。

経営者は、職務としてパワハラを防止しなければならないことが、法律に明記されました。パワハラ防止は、経営課題として取り組む必要があるものになったのです。ぜひ、トップがリーダーシップを発揮して、パワハラを決して許さない組織づくりをはじめてください。

そして、そこに自らの言葉で力強いメッセージを発信してください。経営者のメッセージにはパワーがあります。組織が健全なパワーで満たされれば、そこに不当なパワーが存在する余地はなくなります。

パワハラのない組織に向けて、経営者には強くて健全なパワーを発揮することが求められています。

第1章のまとめ

◉パワハラは労災リスクを抱えるコンプライアンス問題になった

◉パワハラは企業不祥事の代名詞だ

◉パワハラ防止は組織を挙げて取り組むべき課題

◉トップが先頭に立つ。担当者任せでは済まされない

◉職場の「心理的安全性」を高めよ

◉パワハラ防止対策は、健全で健康な経営につながる

［第2章］

パワハラの定義と構成要件

ここが知りたい！

▼そもそもパワハラって？

▼パワハラは上司が部下に対してするもの？

▼どんな行為がパワハラにあたるの？

▼パワハラによる法的責任とは？

▼パワハラになる「ＮＧワード」ってあるの？

▼パワハラかどうか、人によって感じ方が違うのでは？

パワハラの構成要件とは

パワハラ防止法において、パワハラは次のように定義されています（三〇条の二）。

「職場において行われる優越的な関係を背景とした言動であって、業務上必要かつ相当な範囲を超えたものによりその雇用する労働者の就業環境が害されること」

このままでは、わかりにくいので、中身を４つに分けて説明します。

①職場において行われる

まず、パワハラが行われるのは「職場」であるということです。職場といっても、場所が会社の中と限定されているわけではありません。会社の外であっても、就業時間外であっても、職務や職場の関係性の中で行われていれば該当することを意味しています。

②優越的な関係を背景とした言動であって、

パワハラにあたる行為をする者には、何らかの優位性があります。代表的な優位性は

「職務権限」です。職務権限を持つ管理職・上司には優位性、すなわちパワーがあります。パワーのないところに、パワハラはありません。

管理職・上司は、自分の立場にはパワハラリスクがあることを自覚し、パワーを適切に使うことが求められます。

職場におけるパワーは、職務権限だけではありません。

たとえば「経験」です。ベテラン社員、社歴の長い社員には、ほかの社員が持っていないスキルや人脈、ノウハウの蓄積などがあります。

また「専門性」も一つのパワーになります。実務に関する専門性はもちろんですが、たとえば最新の情報機器に関するリテラシー（活用能力）は、若い世代のほうが年輩の人たちよりも長けています。

こうした「経験」や「専門性」というパワーを背景に、それらの力を持たない人にハラスメントを行えば、パワハラになります。

ほかにも、「集団」のパワーがあります。これは、一般社員が集団になって、職場の上司を追い出すために、上司に対してハラスメントを行うなどのケースです。一般的な関係性としては、上司のほうが部下に対してパワーを持っているのですが、部下が結託していやがらせなどを行った場合は「集団」のパワーを使ったパワハラになります。

さらに、「正当性」のパワーもあります。これは、階級が明確な組織や、人命が懸かっている職種など、反論できる余地がないような環境下で行われるものです。正当性を主張されると、逃げ場がなくなります。正当性に基づいた業務命令ではなく、正当性を盾にしたハラスメントを行うのはパワハラです。

一般的にパワハラといえば上司が部下に対して行うものというイメージがありますが、「パワー」があればどこでも起こる可能性があります。

現代は、組織のあり方も個人の働き方も多様化しています。その分、パワハラをめぐる問題も複雑化しているのが現実です。パワハラは、単に管理職が気をつける問題、管理職だけに教育をすればよい問題ではなくなっています。

働く人全員が、自分が持っているパワーを自覚し、それをどう行使していくのかを考える必要があるのです。

③業務上必要かつ相当な範囲を超えたものにより

①で職務でつながる人間関係の中で行われること、②で行為者に何らかの優位性（パワー）があることを見てきました。

③は、実際の行為が業務上必要なものであったかどうか、範囲が適切であったかどうかです。業務の目的から大きく外れていたり、業務上必要性のない行為が継続的に行われていたりすれば、パワハラの構成要件を満たすことになります。

たとえば、業務と関係のない個人的な用事を繰り返し命じたり、逆にプライベートなことを執拗に詮索したりする行為はこれにあたります。

仕事でミスをした部下を叱る――これは業務上必要なことと考えられますが、そのやり方や程度が適正な範囲を逸脱していれば、該当することになります。

④その雇用する労働者の就業環境が害されること

その行為によって被害があることです。個人に対して、身体的、精神的なダメージを与えた。あるいは、職場環境の悪化など就業環境を害したなどです。

パワハラが成立するためには、行為者がいるだけでなく、その行為によってダメージを受けた個人や組織が存在するということも、要件の一つになっているわけです。

パワハラの定義を4つに分けて説明しましたが、厚生労働省の発表したパワハラ指針では、②〜④の3つの要素が揃うとパワハラが成立するとしています。

パワハラの6類型

次に、具体的にどんな行為がパワハラにあたるのか、厚生労働省が発表したパワハラ指針の6つの行為類型を非該当例（該当しないと考えられる例）とともに紹介しています。

①身体的な攻撃

殴打、足蹴りを行うこと。相手に物を投げつけること。
（非該当例：誤ってぶつかること。）

②精神的な攻撃

人格を否定するような言動をとること。相手の性的指向・性自認に関する侮辱的な言動を行うことを含む。 業務の遂行に関する必要以上に長時間にわたる厳しい叱責を繰り返し行うこと。他の労働者の面前における大声での威圧的な叱責を繰り返し行うこと。相手の能力を否定し、罵倒するような内容の電子メール等を当該相手を含む複数の労働者宛てに送信すること。

（非該当例：遅刻など社会的ルールを欠いた言動が見られ、再三注意してもそれが改善されない労働者に対して一定程度強く注意をすること。その企業の業務の内容や性質等に照らして重大な問題行動を行った労働者に対して、一定程度強く注意をすること。）

③人間関係からの切り離し

自身の意に沿わない労働者に対して、仕事を外し、長期間にわたり、別室に隔離したり、自宅研修させたりすること。一人の労働者に対して同僚が集団で無視をし、職場で孤立させること。

（非該当例：新規に採用した労働者を育成するために短期間集中的に別室で研修等の教育を実施すること。懲戒規定に基づき処分を受けた労働者に対し、通常の業務に復帰させるために、その前に、一時的に別室で必要な研修を受けさせること。）

これら①②③にあたる行為に関しては、業務上必要かつ相当な範囲を超えていると判断されます。つまり、暴行・傷害、暴言・脅迫、仲間外し・無視といった行為は、どんな職場でも認められないということです。

④過大な要求

長期間にわたる、肉体的苦痛を伴う過酷な環境下での勤務に直接関係のない作業を命ずること。新卒採用者に対し、必要な教育を行わないまま到底対応できないレベルの業績目標を課し、達成できなかったことに対し厳しく叱責すること。労働者に業務とは関係のない私的な雑用の処理を強制的に行わせること。

（非該当例：労働者を育成するために現状よりも少し高いレベルの業務を任せること。業務の繁忙期に、業務上の必要性から、当該業務の担当者に通常時よりも一定程度多い業務の処理を任せること。）

⑤過小な要求

管理職である労働者を退職させるため、誰でも遂行可能な業務を行わせること。気にいらない労働者に対して嫌がらせのために仕事を与えないこと。

（非該当例：労働者の能力に応じて、一定程度業務内容や業務量を軽減すること。）

⑥個の侵害

労働者を職場外でも継続的に監視したり、私物の写真撮影をしたりすること。労働者の性的指向・性自認や病歴、不妊治療等の機微な個人情報について、当該労働者の了解を得ずに他の労働者に暴露すること。そのような機微な個人情報を暴露することのないよう、労働者に周知・啓発する等の措置を講じることが必要である。

（非該当例：労働者への配慮を目的として、労働者の家族の状況等についてヒアリングを行うこと。労働者の了解を得て、当該労働者の性的指向・性自認や病歴、不妊治療等の機微な個人情報について、必要な範囲で人事労務部門の担当者に伝達し、配慮を促すこと。）

④⑤⑥については、業界・業種の違いや職場環境、それぞれの企業文化によって、何が

業務の適正な範囲を超えているかの判断は異なります。業務上の合理的な行為との線引きが難しいケースもあるため、事実関係を踏まえた慎重な判断が求められます。

パワハラ指針において、パワハラかどうか、「該当例」「非該当例」が示されました。抽象的な表現もあり、グレーゾーンの判断が難しいと感じられた方が多いと思います。指針の限界を踏まえ、今後、職場ごとにパワハラ行為の線引きが必要になるでしょう。

パワハラの奥にある問題に対応する

ところで、パワハラ行為と呼ばれるこれら6つの類型も、突き詰めていけば、その奥にある問題の本質が見えてくるはずです。

たとえば、①身体的攻撃と②精神的攻撃は、法律問題です。①は暴行罪や傷害罪に、②は、脅迫や名誉棄損、侮辱などに問われることになります。不当解雇や退職の強要があれば、労働法に抵触します。

③の人間関係からの切り離しと、⑥の個の侵害は、元をたどればコミュニケーション問

題です。意思疎通が不足しているためお互いに誤解をしていたり、コミュニケーションのやり方が適切でないために引き起こされている可能性があります。

④過大な要求と⑤過小な要求は、マネジメント問題です。マネジメントが適切に行われていないために生じているのであり、マネジメントを適正にすることで改善を図っていくことが求められます。

こうしてみると、この6つの類型は、「パワハラ問題」としてではなく、法律問題、コミュニケーション問題、マネジメント問題として対処していく必要がある問題なのです。

じつは、「パワハラ問題」と言われている問題のほとんどは、職場の中で起こっている多様な問題を象徴的に「パワハラ」と表現しています。

言葉にすると、あたかもそのような現実が目の前にあるかのように人は感じてしまいます。私たちがパワハラという言葉を使うことで、パワハラという現実を作り上げているという側面は否めないと思います。

仮に、ある職場に持ち上がっている問題に対して、「上司のパワハラが問題だ」と言ったとします。するとそのとたんに、当該上司は「パワハラの加害者」になり、行為を受

具体的な行為	行為類型	本当の問題
暴行・傷害	身体的な攻撃	法律問題（刑法） 傷害・暴行
脅迫・暴言等	精神的な攻撃	法律問題（刑法・労働法） 脅迫・名誉毀損・侮辱 退職強要・不当解雇
隔離・仲間外し・無視	人間関係からの切り離し	コミュニケーション問題
業務上明らかに不要なことや遂行不可能なことの強制、仕事の妨害	過大な要求	マネジメント問題
業務上の合理性なく、能力や経験とかけ離れた程度の低い仕事を命じることや仕事を与えないこと	過小な要求	マネジメント問題
私的なことに過度に立ち入ること	個の侵害	コミュニケーション問題

※業務上の合理的な行為との線引きは難しいため、事実関係を踏まえて慎重な判断が必要。

パワハラ行為の６類型と本当の問題

けた部下は「パワハラの被害者」になります。「加害者」対「被害者」という妥協の余地のない関係になり、当該上司は一方的に攻められる立場になります。素直に自分の非を認めて「申し訳ありませんでした」となるかといえば、そんなにうまく事は運びません。上司は上司でパワハラを否定したり、その行為に至った必然性を示したりするでしょう。

一方、部下のほうは「パワハラをする上司が悪いのであって、私は被害者だ」という認識でいるでしょう。お互いの主張はぶつかり、どちらに転んでも、双方が納得することはありません。

私は、メンタルヘルスおよびハラスメント

対策の専門家として、数多くの企業でセミナーやカウンセリング、コンサルティングを行ってきました。パワハラ再発防止プログラムも担当し、たくさんの当事者の方々とも接しています。

皆さんから話を伺って感じるのは、はじめから100%の悪意を持って部下にパワハラをしてやろうという上司なんて、まずいないということです。もちろん、パワハラといわれる行為をしてしまったことは、いけないことです。ただ発端はパワハラ問題ではなく、コミュニケーションに齟齬があり、上司と部下の信頼関係を築くことができなかったのかもしれません。あるいは、部下の適性や能力に応じた仕事の与え方ができなかった、部下の長所を引き出す育成のプロセスを踏むことができなかった、などというマネジメントの問題であったのかもしれません。

白か黒かを決めて一方的に断罪するというやり方では、本当は複雑な事情が絡み合って表出している問題の本質を覆い隠し、かえって解決を遠ざけることにしかなりません。

起こってきた問題を「パワハラ」と名づけて何とかしようとするよりも、問題をもう少し掘り下げることにより、法律問題なのか、コミュニケーション問題なのか、マネジメント問題なのかを明らかにし、そちらに対応することのほうが、解決への近道であると私は考えています。

くわえていえば、企業はブラック企業のレッテルを貼られないよう法令遵守の意識を高めています。今後は、法律問題を背景としたパワハラ問題は減少し、マネジメント問題、コミュニケーション問題によるパワハラが中心になるでしょう。

パワハラにおける法的責任

先に述べた6つの類型の中で、①身体的な攻撃と、②精神的な攻撃が行われると、パワハラは法律問題になります。

これらの行為が認められれば、加害者に対しては、傷害（刑法二〇四条）、暴行（同二〇八条）、脅迫（同二二二条）、強要（同二二三条）、名誉棄損（同二三〇条）、侮辱（二三一条）といった刑事責任が問われます。また民事上の責任（民法第七〇九条。不法行為による損害賠償）を負う可能性もあります。

加害者個人だけでなく、企業も雇用主としての責任を問われます。債務不履行による損害賠償（民法第四一五条。雇用主の労働契約違反）、不法行為による損害賠償（民法第七〇九条。雇用主の配慮義務違反）、使用者等の責任（民法第七一五条。雇用主の使用者等の責任）などです。

なお、時効は該当する罪によってさまざまですが、企業に対して損害賠償請求をする場合、不法行為責任を問う場合は3年、安全配慮義務違反を問うのであれば10年が時効です。たとえ当事者が退職したとしても、発生から10年間は、企業は訴訟のリスクを抱えなければならないということです。

参考までに、2007年から2017年の間で、パワハラによる損害賠償を認定した判決から、パワハラと認定された言葉の暴力をピックアップしてみました。

これらの言葉を発したら、即パワハラになるという意味ではありません。パワハラ認定は、それが発生した背景、行為者の動機、目的、受け手との関係、受け手の属性、ダメージの程度、行為の継続性などを勘案して、総合的に判断されます。

相手を侮辱するような言葉や、自尊心を傷つける言い方をしていないかどうか、ご自身の言動を一度振り返ってみてはいかがでしょうか。

パワハラによる損害賠償責任を認定した判決から（2007年～2017年）

「待っていた時間が無駄になった」「耳が遠いんじゃないか」「むかつく」「帰れ」「死んでしまえばいい」「そんなことも分からないのか」「相手するだけ時間の無駄」「人の話を聞かずに行動、動くのがのろい」「反省しているふりをしているだけ」「お願いだから消えてくれ」「何で自分が怒られているのかすら分かっていない」「嘘を平気でつく､そんなやつ会社に要るか」「何でできないんだ」「転勤願いを出せ」「バカ」「50代はもう性格も考え方も変わらない」「車のガソリン代がもったいない」「辞表を出せ」「存在が目障りだ、いるだけでみんな迷惑している」「人間失格」「お願いだから消えてくれ」「おまえは会社を食い物にしている給料泥棒」「どこに飛ばされようと仕事をしないやつだと言いふらしてやる」

※上記の言葉が即パワハラと判断されるわけではありません。パワハラが発生した背景、行為者の動機、目的、受け手との関係、受け手の属性、ダメージの程度、行為の継続性等を勘案して総合的に判断されます。

パワハラと認定された言葉の暴力の例

パワハラのとらえ方

パワハラ問題をむずかしくしている一因が、人によって受け止め方や基準が異なることです。

たとえば、上司が部下に対して業務上必要な指示や命令をすること、部下の不適切な言動に対して注意することは、パワハラではなく指導です。

一方、上司が部下に対して人格を否定するような暴言を吐いたり、立場を利用して業務と関係のない私的な用事を強制したりするのは、指導ではなくパワハラです。

問題は、その境界にあるグレーゾーンで

す。上司からすれば指導の一環ですが、受けた部下から見ればパワハラに見える。同じ行為や発言でも、上司と部下の関係性が良好であれば部下は指導と受け取り、関係性が悪いと部下はパワハラと感じてしまうことがあります。また、理性に基づいてなされていれば指導と受け止められやすいが、感情的なふるまいはパワハラと感じやすいものです。

上司と部下では、主観にズレがあることをよく知っておくべきです。

一般的に、上司は「指導」ととらえる範囲が広く、部下は「パワハラ」ととらえる範囲が広くなります。

私は、研修の際、いくつかの事例を挙げて、これをパワハラだと思うか思わないかを、10段階のレベルで選んでもらうというワークを行うことがあります。

例えば、こんな事例です。

「課長から名前ではなく『おい』とか『おまえ』と呼ばれる」

「月に一度の部門全体会議の前日は、部長の命令で2時間近くの残業を強いられる」

パワハラだと思う度合いが強ければ強いほど10に近い数字を選びます。逆にパワハラだと思わない度合いが強ければ強いほど1に近い数字を選びます。

あなたは下記の状態をパワハラだと感じますか？ 当てはまる数字に○をつけてください。
※絶対パワハラだと思う場合は 10 に、絶対パワハラだと思わない場合は 1 に○をつける。

状態	課長から、名前ではなく「おい」とか「おまえ」と呼ばれる。									
個人	1	2	3	4	5	6	7	8	9	10
グループ	1	2	3	4	5	6	7	8	9	10
全体	1	2	3	4	5	6	7	8	9	10
行為の許容度	パワハラだと思わない			パワハラかもしれない				パワハラだと思う		
感想										

上記結果についてグループワークを行うと他者とのとらえ方の違いに気づくことができます（グループ全体の平均を出せば、個人とのギャップを確認できる）。
他の問題にも 10 に○をつける人は、職場でパワハラ被害を受けていると感じやすく、1 に○をつける人は、パワハラを小さくとらえる傾向があり、自分側から物事をとらえ、周囲で働く人の考え、気持ちを踏まえることができず、パワハラ行為をするリスクも高いと考えられます。

パワハラのとらえ方

自分の感覚で数字を選んでみてください。いかがでしょうか。

研修でこれをやると、人によって数字はバラバラになります。ある人は「パワハラというほどのことではない」と思うことも、別の人は「どうみてもパワハラでしょ」と感じている。どの数字が正解ということではありません。それほど人の主観には差があることを示しています。

ただ、「パワハラとは思わない」を多く選ぶ人は、パワハラを小さくとらえています。物事を自分の視点から見ていて、周囲の人の気持ちや考え方に思いを寄せることができない傾向にあります。その分、パワハラ行為をするリスクも高いと考えられますので、自分の傾向をよく理解しておく必要があるでしょう。

パワハラの評価と判断

反対に「パワハラだと思う」を多く選ぶ人は、パワハラを大きくとらえています。それはその人の「評価」であって、パワハラであるかどうかの「判断」ではありません。

パワハラであるかどうかの「判断」は、組織に設けられた「ハラスメント対策委員会」などの機関で行います。一般の職場の中で、「これはパワハラにあたる」「いや、パワハラとは言えない」などと判断することはありませんし、また、そうすることを私はおすすめしません。というのも、「パワハラだ」といえば行為者は反発しますし、「パワハラでない」といえば被害者は納得しません。どちらに転んでも、職場が改善する方向には向かわないからです。個人が判断する問題ではありません。

では、職場で何を問題にすべきかといえば、人それぞれが抱いているパワハラの「評

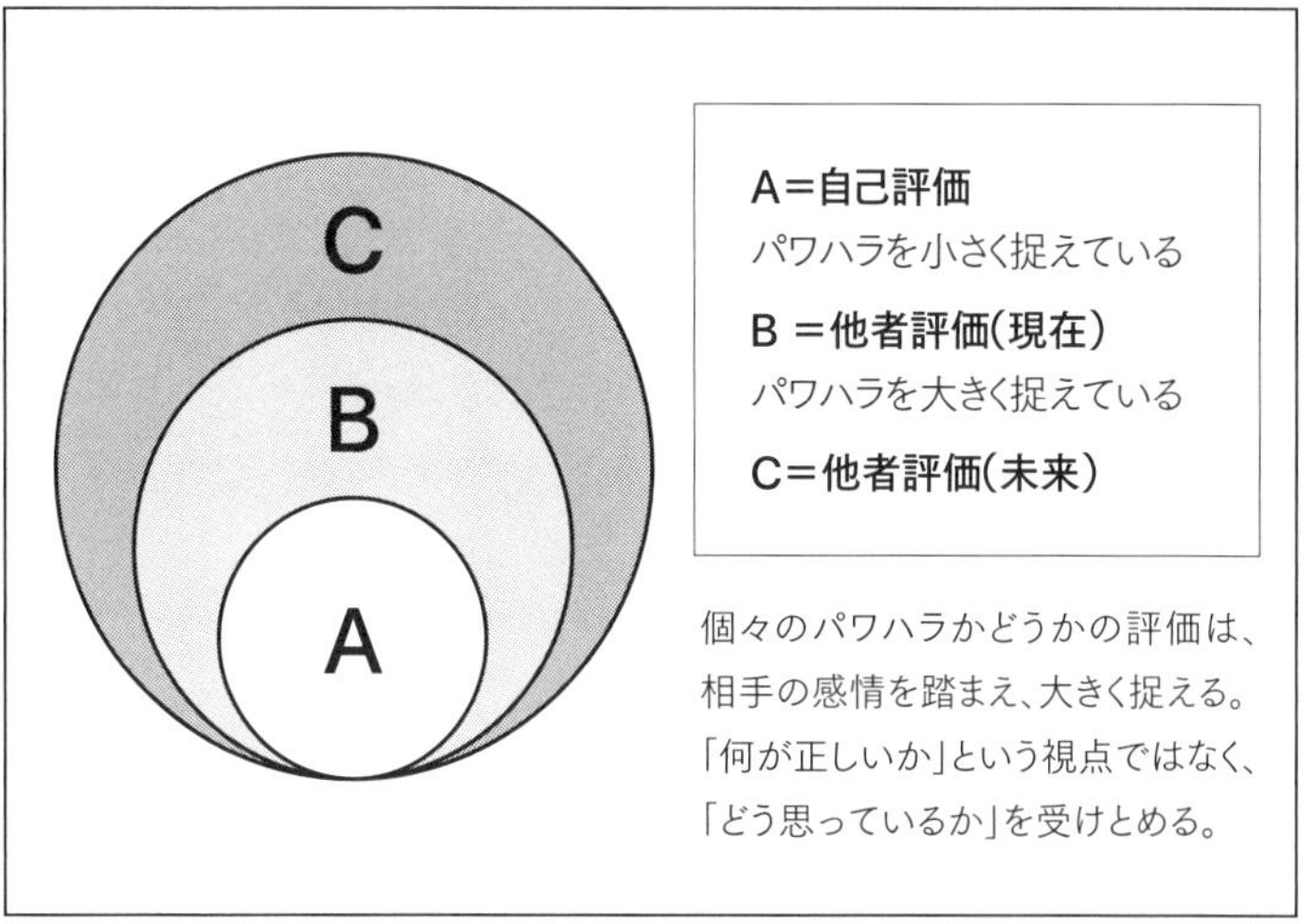
C
B
A
A＝自己評価
パワハラを小さく捉えている
B ＝他者評価(現在)
パワハラを大きく捉えている
C＝他者評価(未来)
個々のパワハラかどうかの評価は、
相手の感情を踏まえ、大きく捉える。
「何が正しいか」という視点ではなく、
「どう思っているか」を受けとめる。

パワハラの自己評価と他者評価

価」が異なるという現実です。同じ出来事でも、ある人は「パワハラだ」と思い、別の人は「パワハラではない」と感じる。パワハラを小さくとらえる人と、大きくとらえる人がいることを、まずは知ることが大事です。

図のように、一般的に上司がパワハラととらえる範囲が「A」だとすると、部下がパワハラと思う範囲は「B」であると考えたほうがいいでしょう。そして、この先の未来には、「C」というとらえ方をする世代が出てくることが予想されます。

パワハラの「評価」は人によって異なるだけでなく、時代によってもどんどん変化していきます。第1章でも触れたとおり、「パワハラをアップデートする」ことは、すべての働く人、なかでも管理職・上司にとって重要です。

共通のタスク

この章では、パワハラの定義と構成要件を中心にみてきました。これらは管理職、一般社員を問わず、組織に所属するすべての人に理解していただきたい要素です。したがって、ここで取り上げる3つのタスクは、組織内の全員に取り組んでいただくものです。

1 パワハラの本質と構造を理解する
2 パワハラを大きくとらえる
3 判断基準に焦点を当てない

今回パワハラ防止法が成立したことにより、法的にもパワハラが定義されました。パワハラを行うことは、社会的にも決して許されない行為であることが明確になったわけです。ですから、私たちの誰もがパワハラについて正しく理解する必要があります。

そのうえで、本書では、パワハラ問題にはその奥に本質的な問題があることを指摘しました。それは、法律問題であり、コミュニケーション問題であり、マネジメント問題です。たとえば暴力を受けたのなら法律問題として、意思疎通の不備が原因であればコミュニケーションの再構築から、仕事の与え方、回し方で不都合が生じているのならマネジメント問題として、一段掘り下げたところで対処していく必要があります。

パワハラは人によってとらえ方が違います。だからこそ、自分の見方だけにとらわれず、パワハラを大きくとらえるようにしてください。ほかの人の「パワハラだ」という声を切り捨てず、「なぜパワハラを受けたと感じたのか」「今の状況をどうしてほしいのか」など、まずはその人の話に耳を傾けることから始めてください。

パワハラ問題が持ち上がったとき、現場レベルでそれがパワハラにあたるのかどうかという「判断」をする必要はありません。

「これはパワハラなのか、パワハラでないのか」――そんな議論を始めても、何もいいことはありません。

管理職やハラスメント窓口の担当者など、立場のある人が「パワハラだ」と言ってしまうと、「行為者が一方的に悪いのだ」というお墨付きを与えることになります。一方、「パワハラではない」と言えば、パワハラを受けたと思っている人の感情の行き場がなくなり、ますます不満が募ることになります。そして職場の雰囲気や人間関係がさらに悪化していきます。

判断基準にとらわれていると、問題は解決に向かうどころか、ますますこじれていきます。パワハラの判断基準に焦点を当てないことが大切です。

なお、管理職の対応については第3章で、ハラスメント窓口の対応については第6章で、組織としての判断や対応については第7章で解説します。

第2章のまとめ

◉職務権限というパワーを持つ上司には、パワハラのリスクがある

◉「集団」「専門性」「経験」などのパワーにも、パワハラリスクがある

◉パワハラの奥に、真の問題が隠れている

◉人によってパワハラと感じる範囲にズレがある

◉パワハラであるかないかを議論しない

◉今後ますますパワハラに敏感な時代になる

［第3章］

管理職のパワハラリスクと対処法

ここが知りたい！

- ▼パワハラはなぜ起こるの？
- ▼あなたの部下への期待度は適切？
- ▼あなたは部下を変えようとしている？
- ▼あなたのパワハラリスク度は？
- ▼指導とパワハラは何が違う？
- ▼もしもパワハラをやってしまったら？

ストレス社会のひずみとしてのパワハラ

そもそも、なぜパワハラという行為が起きるのでしょうか。

多くの企業や組織でその実態に接し、当事者とも面談を重ねてきた結果、私はパワハラにはストレスが密接にかかわっていると考えるようになりました。

というのも、ストレスの少ない組織ではパワハラは起きにくく、逆にストレスの高い組織ほどパワハラが起こりやすい傾向があるからです。パワハラとは、いうなればストレス社会が生み出したゆがみです。

ストレスが発生するメカニズムは、①刺激（要因）→②認知（評価）→③反応（症状）の3段階があります。

①の刺激（要因）には、気温の変化（暑さ・寒さ）や騒音といった物理的要因や、仕事の忙しさ、人間関係のわずらわしさなど、心理的・社会的要因があります。

これらの刺激をどうとらえるかが、②の認知（評価）で、これには個人差があります。

同じ暑さでも、平気な人もいれば、苦手な人もいます。急にイレギュラーな仕事が降りかかってきたとき、臨機応変に対応する人もいれば、どうすればいいのかわからなくなってしまう人もいます。

遭遇した出来事が自分の対処能力を超えていると感じると、ストレス反応（③）と呼ばれるさまざまな症状（イライラ、落ち込み、頭痛、下痢などの心理的・身体的な反応）や行動（攻撃的になったり、過剰な行動をしたり）が現れます。

じつは、パワハラもこれと似たようなメカニズムで発生すると考えられます。

この章では、管理職をおもな対象として、なぜパワハラと言われるような行為に走るのか、どうすればそれを解決できるのかについて、考えてみたいと思います。

パワハラの発生モデル

パワハラ発生の第1段階が、刺激（ストレス要因）です。

職場にはさまざまなストレスがあります。現代は、管理職に対してとくに大きな負荷がかかる時代になっています。低成長時代で売上の飛躍的な拡大は望めないなか、利益だけは確保せよと言われ、厳しい合理化・効率化を求められる。人材不足のなかで思うように人員を確保できず、業務のしわ寄せはすべて管理職が受けなければならない。

たとえ厳しい状況下にあっても、職場の人間関係がよければ、みんなで助け合いながら力を合わせて乗り越えていこうという雰囲気になりますが、そういった思いやりや協力関係が欠如したギスギスした職場だと、業務の負荷や仕事のプレッシャーをいっそう重く感じてしまうものです。

第2段階は、それをどう受け止めるか（認知・評価）です。ここは、受け止める人の課題です。

仕事や働くことに関して、どんな考え方・価値観を持っているのか。部下や関係部署とのコミュニケーションはうまくいっているか。チーム内の仕事の割り振りや進捗管理、メンバーへのフォローなど、マネジメントに問題はないか。自分自身の健康管理はどうか（疲労の蓄積や睡眠不足はないか）など。

じつは、ここにこそ管理職が抱える本質的な問題があります。

管理職は、自分の健康管理をし、部下や関係者とのコミュニケーションを円滑に行い、

ストレスモデル		パワハラモデル	
1刺激（要因）	・気温の変化（暑さ、寒さ） ・仕事が忙しい ・人間関係がわずらわしい	1刺激（職場のストレス）	・職場の人間関係 ・業務負荷（仕事の量・仕事の質） ・役員・上司からのプレッシャー
2認知（評価）	・苦手 ・我慢できない、無理だ ・どうすればいいかわからない	2課題（本質的問題）	・考え方の問題 ・マネジメント、コミュニケーション問題 ・生理的な状況（疲労・睡眠負債）
3反応（症状）	・イライラ、落ち込み ・頭痛、下痢 ・攻撃する、過剰な行動をとる	3反応（現象）	・パワハラ

パワハラとストレスの関係

チームのパフォーマンスを向上させるというマネジメントをしなければなりません。しかし、強いストレスにさらされることで、本来の課題と向き合うのではなく、別の方向にエネルギーを放出してしまう。それが第3段階の「反応」であり、その一つがパワハラなのです。

パワハラはストレス反応の一種である

たとえば、ストレス反応として「頭痛」や「イライラ」が現れたとします。これらの症状に対して、頭痛薬や精神安定剤を処方すれば、一時的に症状は治まるかもしれません。しかし、時間がたてば、また再発したり、別の症状が現れたりして、根本的な解決にはなりません。

本当に解決するためには、①の刺激を取り除いたり、②の認知・評価を変える必要があります。


同様に、パワハラ問題が持ち上がったとき、行為者を処分したり当事者を異動させたりするのは、対症療法的な解決法です。③の「反応」として現れ出た症状に対して、その根本原因を探ることなく、表面的な対応だけで解決を図ろうとする。これは、一時的には効果が出るかもしれませんが、本質的な問題が解決されていないので、いずれまた同じような現象が出てしまいます。つまり、「言葉に気をつける」「行為者を処分する」というレベルではパワハラは防げないということです。

本来対処すべきは、①の刺激に対して、あるいは②の本質的問題に対して、であるはずです。

パワハラとは、個人と組織のストレス反応です。職場の中にある多様なストレスが、個人の中、あるいは組織の中にある未解決の課題を浮き彫りにしているのです。その未解決の課題と向き合い、解決を図ることこそが、パワハラをなくすためのより実効性の高い取り組みになります。

では、①刺激（ストレス）と②本質的な問題に対して、どう対処していくかについて説明します。

職場のストレス要因

まず、現代の職場が抱えるストレス要因から見てみましょう。

少し古いデータになりますが、厚生労働省が実施した「労働者健康状況調査」（2012年）では、職場のストレス要因の第1位が「職場の人間関係」で41・3％でした。2位の「仕事の質」、3位の「仕事の量」とは、10ポイント前後の差があります。働く人の心の健康にとって、仕事の質や量よりも、職場の人間関係のほうがいかに重要なカギを握っているかを表しています。

同じく厚生労働省が発表した「過労死等の労災補償状況」（2018年）では、精神障害による支給決定件数465件のうち、「(ひどい) 嫌がらせ、いじめ、又は暴行を受けた」が69件で、「仕事内容・仕事量の（大きな）変化を生じさせる出来事があった」とと

◆職場のストレス要因

1位	職場の人間関係	41.3%
2位	仕事の量	33.1%
3位	仕事の質	30.3%

（厚生労働省、労働者健康状況調査　平成24年）

◆精神障害の労災「出来事別の支給決定件数」

1位	（ひどい）嫌がらせ、いじめ、又は暴行を受けた	69件
1位	仕事内容・仕事量の（大きな）変化を生じさせる出来事があった	69件
3位	悲惨な事故や災害の体験、目撃をした	56件

（厚生労働省、脳・心臓疾患と精神障害の労災補償状況　平成30年）

職場のストレス要因／脳・心臓疾患と精神障害の労災補償状況

もに、最多となっています。

働く人の多くは人間関係にストレスを感じ、また人間関係の悪化が精神疾患発症の原因にもなっていることが示されています。

では、職場の人間関係を少しでも良好にするためには、どうすればいいのでしょうか。

「相手」ではなく、「関係性」を変える

人が人間関係に悩むとき、陥りがちなワナがあります。

それは、「相手に変わってほしい」「相手が変わるべきだ」と考えることです。つまり、お互いの関係がスムーズでないのは、相手の性格や人格、考え方や価値観がおかしいので

あって、それが改まらないかぎり関係が改善することはない、ととらえるのです。

こうなると、なかなかこの局面を打開することが難しくなります。人は何十年という年月を積み重ねて現在のその人になっています。ちょっとやそっとでは変わりませんし、ましてや関係のよくない相手から「あなたが変わるべきだ」と言われても、素直に聞き入れられるはずがありません。

「相手が悪い」「相手に原因がある」と考えている限り、関係改善は望めず、ますますこじれていくことになります。


では、逆に「自分が悪い」「自分が変わるべきだ」と考えればいいのでしょうか。

一見、それは殊勝な態度に見えますが、相手と同様、自分も何十年とかけて今の自分になっていますので、急に性格を変えるとか、価値観を入れ替えることなど、簡単にはできないはずです。

それに、「自分が悪い」と自らを卑下しても、気分が落ち込むだけで、あまりいいことはありません。

そもそも人間関係の問題で、「人間」に焦点を当てて、どちらに原因があるのか、どちらが悪いのかといったことを議論しても、実りのある結果は生まれないものです。

そこでどうするのかといえば、「人間」ではなく、「関係」のほうに目を向けます。お互いに何か必要があって関係性を結んでいるはずです。「人間」を変えることは無理でも、「関係性」を変えることは可能である――そうとらえるのです。

役割期待とは

私たちが対人関係を結ぶとき、そこに必ず相手に対して期待する行動をイメージするものです。これを「役割期待」といいます（参考：水島広子『自分でできる対人関係療法』創元社）。

私たちは、あらゆる人間に対して「役割期待」を持っています。

上司は部下に対して、「部下」という役割を期待します。たとえば、この上司が「報告・連絡・相談」を最も重視して会社生活を送り、その結果今の立場を得たと思っていたとします。すると、部下に対しても無意識のうちに「報告・連絡・相談」を最も大事にするのがあるべき姿だと考え、部下から報告が遅れたり、相談がなかったりということが起これば、大きなストレスを感じるのです。この上司が部下に抱いている「役割期待」と、実際の部下の行動とにズレがあるからです。

同様に、夫は「妻」に「妻という役割」、妻は「夫」に「夫という役割」を期待します。そして、自分が期待する行動を相手がとらないと、不満を抱きます。

お店で物を買うときは、相手に「店員」という役割を期待します。講演会を聴きに行けば、壇上の人物に対して「講師」という役割を期待します。相手が「店員」あるいは「講師」らしからぬ言葉づかいや態度を示すと、私たちは不愉快になります。

たんに道ですれ違う人に対してすら、私たちは相手に「見知らぬ人」という役割を期待しています。仮に、その「見知らぬ人」がなれなれしく話しかけて、いきなり根掘り葉掘りプライベートなことを聞いてきたりすれば、私たちは「なんて非常識な」と不快に思います。

役割期待のズレをさぐる

話を職場に戻しましょう。

人間関係にストレスを感じている場合、自分が相手に対してどんな役割期待を抱いているのか、振り返ってみる必要があります。そして、その役割期待が適切であるかどうかを問い直してみることです。

たとえば、自分が抱いている「報告・連絡・相談」を求める気持ちは適切であるかどうか。「報連相」は仕事の基本で、部下に求めるのは当たり前だと思われるかもしれませんが、今の管理職が若かったころとは、時代も状況も人も価値観も異なっています。

以前なら上司と部下との距離も近く、仕事時間以外でもランチを共にしたり、飲みに行ったりするなどして、世間話の合間になんとなく仕事の情報を伝えたりすることがあったのかもしれません。

また、昔は上意下達方式で、細かな仕事の進め方まで逐一上司の承諾を得たり、部門間で調整・合意の上、進めなくてはならなかったりしましたが、現在ではスピード化しないとライバル会社に負けるため、現場での判断が求められるようになっているという事情もあります。もしかしたら、部下は部下で、その場で結論を出そうと懸命に仕事に取り組んでいるのかもしれません。

はたして自分が部下に求めている役割期待は、今の部下、今の時代、今の状況、今の価値観に照らしてみて、適切なものかどうか、冷静に見つめなおしてみることが必要です。

仮に、相手に対する役割期待は適切であったとしましょう。

次に問題になるのは、その役割期待が相手に伝わっているかどうかです。

以心伝心はありません。もし上司が部下に「報連相」を求めるのなら、「報告、連絡、相談をせよ」と部下に伝えなければなりません。

しかも、たんに「報連相をせよ」だけでは具体性に欠けるため、部下はいつ、何を、どのように報告したらよいのかわからないかもしれません。「伝える」とはいっても、言いっぱなしではダメなのです。自分の話が相手に伝わっているのか、相手が理解しているのかを確認することが大切です。

ここをおろそかにすると、役割期待のズレが解消しないことになります。

「人間」ではなく「関係」をマネジメントする

管理職には、さまざまなマネジメント能力が求められます。

部下のマネジメントもその一つです。

これは、部下という「人間」をマネジメントすることではなく、部下との「関係性」をマネジメントする、という意味です。

「どうも部下との関係がうまくいかない……」という場合、自分が抱いている役割期待が適切でないか、適切でも部下に伝わっていない可能性があります。

部下への役割期待が高すぎる、あるいは低すぎる場合、過大な要求や過小な要求をしがちです。これはパワハラリスクを高めます。

また、部下に役割期待が伝わっていないと、イライラしたり、不満が高まったりします。ここから精神的な攻撃や、人間関係からの切り離しに発展する可能性があり、これもパワハラのリスクを高めます。

部下との関係性をマネジメントするためには、

①部下に対して適切な役割期待を持つこと
②役割期待を部下に正確に伝えること

がポイントです。

役割期待のズレがなければ、部下に対するパワハラのリスクは低くなります。

部下とのコミュニケーションをマネジメントするのも、管理職の仕事です。部下に期待するのは大事ですが、上司が求める期待のすべてに、部下が応えることはできません。スピードなのか品質なのか、顧客対応なのかコスト意識なのか、チャレンジ精神なのか着実さなのか……あれもこれも、全部を求めるのは無理があります。何を一番大事にするのかを伝え、少しでも達成できている部分に目を向けて、部下を勇気づけるコミュニケーションを心がけたいものです。

自分のパワハラリスク度をチェックする

パワハラとは、個人と組織のストレス反応であり、個人や組織の未解決の課題を浮き彫りにしたものである、とこの章のはじめに述べました。

No.	☑	項目
1		仕事に対して、「こうあるべきだ」と考える傾向がある。
2		物事を白か黒かはっきりさせる方である。
3		プライドが高い方である。
4		過去に現場担当者として、他の人より実績を残した方だと思う。
5		自分の思っていることや気持ちを表現しないで我慢することが多い。
6		「失敗するな！」「なぜ、できないの？」という否定的な表現をよく使う。
7		人の気持ちより、正しいかどうかの理屈の方が大切だと思う。
8		正当な理由があればパワハラ行為をしてもしかたがないと思う。
9		仕事は結果がすべてだと思う。
10		高ストレス状態または睡眠に何らかの問題を抱えている。

パワハラリスク度チェックリスト（管理職用）

では、管理職という立場では、どのような点に注意すればよいのでしょうか。

部下に対して「パワハラをしてやろう」と思う上司は、まずいません。部門の業績アップや部下の成長のために必要だと思ってやったことが度を越したために、「パワハラだ」と言われてしまったというケースがほとんどです。

逆に言えば、「自分は絶対にパワハラなどしない」と思っていても、実際にはパワハラと言われてしまうリスクはあるということです。

そこで、自分に内在するパワハラリスクを知るためのチェックリストをご紹介します。

このチェックリストは、自分の傾向を知る

ためのもので、チェックが入ったこと自体に良し悪しはありません。誰かに見せて評価してもらうものでもありません。自分自身で、自分の傾向を知るためにしていただくものです。

10項目ありますが、1つもチェックが入らない人はいないと思います。チェックが入った項目については、その人の特徴や強みでもあると同時に、何か刺激を受けると反応が出るような偏り・弱点になる可能性もあります。チェックした項目数が多いと、それだけパワハラリスクを抱えているともいえますので、自分自身を振り返るときの参考にしてください。

では、それぞれの項目について、リスクになる点や注意すべき点を確認しておきます。

①仕事に対して、「こうあるべきだ」と考える傾向がある。

これにチェックが入った人は、仕事に対する自分の理想が高いことを示しています。ところが、物事は理想通りには進みませんから、いつも理想と現実のギャップに悩むことになります。部下に対しても思い通りに動かないのでイライラし、部下を責めることになりがちです。

理想を掲げることは大切ですが、同時に目の前の一歩改善にも目を配ることが大切です。「〜すべきだ」という「べき思考」に凝り固まるのではなく、「〜するといいよね」くらいに気持ちに余裕を持つことを心がけてください。

②物事を白か黒かはっきりさせるほうである。

いわゆる「白黒思考」という人です。完璧にできなければすべてがダメだとか、少しでも意見が違うと「自分を否定している」と受け取ってしまう特徴があります。

しかし、物事はそう簡単に二分できるものではありません。ましてや人の気持ちなど、あいまいでどっちつかずのことのほうが多いものです。

白黒思考の人は、いつも白黒つかないことにイライラしていますから、パワハラリスクが高まります。白でも黒でもない「灰色思考」「あいまい思考」にも慣れていく必要があります。他者からのフィードバックを受けて、選択肢を増やすのも効果的な方法です。

一方、このタイプが得意なことは、即断即決です。すぐに結論を出す必要があるときに、選択肢が多すぎると、組織は迷走しがちです。そのような状況では、判断力の早い白黒思考のあなたが、白か黒かを問いかけて結論に導いてください。

③プライドが高いほうである。

プライドを持つことは決して悪いことではありませんが、行き過ぎると自分の尺度でしか相手のことを見ないことになりがちです。「自分が正しい」と信じているので、相手の立場に立ったものの見方ができません。たとえば、「それはパワハラではない！」と自分の評価を一方的に相手に伝えるだけで終わってしまいます。

頭から相手を否定するのではなく、自分の考えをいったんわきに置いて、相手の気持ちや考え方に耳を傾ける必要があります。どんな人の話も一つの情報であり、よいマネジメントをする材料になるものです。

④過去に現場担当者として、他の人より実績を残したほうだと思う。

ここにチェックが入った人も、「自分のやり方が正しい」と思う傾向があります。しかも、「他人と比べて私のほうが」という思いがあり、自分と違うやり方をする人を認めないことがあります。「過去の成功体験にとらわれる」というタイプです。

名選手が必ずしも名監督にならないように、ビジネスの世界でも、現場で実績を残した名プレイヤーが、必ずしも優秀なマネージャーになるとは限りません。部下の個性や成長度に応じた指導をしたり、時代や市況の変化に応じた対応をするのが、マネージャーに求められる資質であることを理解する必要があります。

⑤自分の思っていることや気持ちを表現しないで我慢することが多い。

言いたいことを言わずに自分の気持ちを抑え込む人は、周囲からはまじめで協調性があるように見えて評価されます。ただ、気持ちは抑圧すればするほど、フラストレーションが溜まって、何かの拍子にドッと表に噴き出すことがあります。

これはパワハラのリスクを高めることにもなりますので、日ごろから自分の気持ちを適切に表現することを心がけてください。

⑥「失敗するな！」「なぜ、できないの？」という否定的な表現をよく使う。

これらの否定的表現は、部下を心理的に追い詰めます。人は追い込まれると、理性を失い動物的な反応をすることがあります。すなわち、戦うか、逃げるかです。

一般的に上司のほうがパワーを持っているので、「戦う」を選択する場合、部下は自分が持っている最も強いものを使って上司に挑みます。その一例が、「パワハラです！」という言葉です。

「逃げる」を選択した場合は、「言い訳する」「できません、という」「沈黙（フリーズ）する」などの行動をとります。

上司にとっては、戦いを挑まれても逃げられても、どちらにしても困ることになります。部下を追い込んでも、上司にとって何一つよいことはありません。部下の行動を変えたければ、否定的な言葉で追い込むのではなく、内省を促すように行動する必要があります。

そのためには「なぜ？」という原因追求型の問いかけではなく、「どうやったら上手くいくと思う？」といった未来志向、解決志向の問いかけや声かけで、部下の支援者・協力者として、部下をサポートするスタンスで臨んでいただきたいものです。心理的に安心できる状況になれば、部下の自己防衛から発信される「パワハラ」という言葉も不要になります。

⑦人の気持ちより、正しいかどうかの理屈のほうが大切だと思う。

上司として「正しいことを言わなければならない」と考えるのは、ある意味当然のことです。しかし、人は正論ばかりをぶつけられると、逃げ場を失うものです。言っているほうは満足するかもしれませんが、言われたほうは、「そんなことは、言われなくてもわかっている」と反発します。

正論が通じないのは、相手の感情への対応ができていないからです。

何が正しいことか、多くの人は知っているものです。知ってはいるけれどもできない。そこに、その人が抱えている問題や事情、悩みがあるのです。まずはそこに焦点を当てて、その人のことを知ろうとする。そして、その人の気持ちを理解し、受け止める。

人は、自分のことをわかってくれた、自分の気持ちを理解してくれたと思う人から言われることは、受け入れることができます。そのステップを踏まず、信頼関係がないまま一方的に正論を述べても、相手には通じません。

正論を言う人は、ロジカルな思考に長けているといえます。これに共感力という感情への対応力を加え、状況に応じて使い分けができるようになれば、ハイブリットな上司として、部下との信頼関係を深めることができるでしょう。

⑧正当な理由があればパワハラ行為をしても仕方がないと思う。

ここにチェックを入れた方は、ご自身が考える「正当な理由」とは何かを考えてみてください。部下を指導するため、部下の成長のため、会社の業績を上げるため、組織の使命を果たすため……。

パワハラ行為で処分を受けても納得できないという人が多いのは、「もともとの原因は仕事をしない部下にあり、自分は職責を果たそうとまじめに取り組んできたはずなのに、なぜ？」という思いがあるからです。

しかし、いかなる〝正当な〟理由があろうとも、パワハラ行為自体が「不当な行為」です。これは、どんなに正当化しようとしても、正当化できない行為であることを認識していただきたいと思います。指示に従わない、礼儀がなっていない、仕事に集中していない、秩序を乱すなどの部下がいたとしても、上司が感情的になって一線を超えてしまえば、その瞬間、これまでの部下指導の努力は水泡に帰し、上司の不当行為のみが問題にされます。

もちろん、部下の怠慢を甘んじて受け入れよと言っているわけではありません。許せない部下の言動があったとしても、上司が感情的になる必要はありません。つねに冷静に、するべき指導をし、やるべき対応をすればいいのです。

⑨仕事は結果がすべてだと思う。

ビジネスの世界では根強い考え方です。しかし、ともするとこれは「結果さえ出せば何をしてもいい」という解釈につながりかねません。

繰り返される企業の不祥事も、この結果至上主義というべき考え方を背景にして起こっていると考えられます。スポーツの世界でも、勝利至上主義はさまざまな弊害を引き起こし、選手の心身を傷つけたり、世間から批判を浴びたりしています。

管理職は、業績の向上に努める一方で、時代や経営環境の変化から結果が出ない場合にどうするのか、結果が出ない状況下でメンバーに何を求めていくのか、その舵取りを求められています。「結果を出すためには、今の私たちに何ができると思う?」という問いかけで、今できる対応に焦点を当てることを心がけてください。

⑩高ストレス状態、または睡眠に何らかの問題を抱えている。

働く人は、職場だけでなく、職場以外にもさまざまなストレスを抱えています。睡眠不足や疲労の蓄積など、身体的、生理的な状態が悪いと、理性的な判断がにぶってしまう可能性があります。

特に睡眠負債が溜まると、脳の前頭前野（思考中枢）が機能低下し、扁桃体（感情中枢）が過剰に反応します。感情のアクセルが全開になり、理性のブレーキが効かなくなります。感情の制御機能が低下するとパワハラリスクを高めてしまうことになるので、しっかり睡眠をとり健康管理には十分気を配ってください。

パワハラは〝ロックオン〟から始まる

これまで述べてきた通り、パワハラをしようと思ってパワハラをする上司はいません。組織のため、部下のために懸命に仕事に取り組んできた、そのパワー、熱量が一線を超えてしまったがために、パワハラになってしまったというのが、私が接してきたケースの多くです。

じつは、そこから見えてきたことが一つあります。

パワハラには、「一線を超える」前兆、前段階というべき状態があることです。もしこれを察知できれば、パワハラのリスクを避けることができるはずです。

その前段階とは、パワハラを行う相手に対して、意識が集中してしまうという状態です。私は、この状態のことを「ロックオン」と呼んでいます。ロックオンとは、もともとは軍事用語で「銃の照準を合わせる」とか「自動追尾ミサイルで敵を捕捉する」という意味でつかわれています。

複数の部下がいたら、通常上司はそれぞれの部下を均等に見ています。ところが、ある部下が期待に応えるような行動をしないとか、何か上司（自分）の課題を刺激するような言動をするなどの出来事が重なると、その部下がとくに目につくようになります。

上司は責任感を持っているがゆえに、「あいつ、大丈夫なのか？」とか「このままでは困る」と、ますますその部下だけに注意を向けていきます。これがロックオン状態です。

ロックオン状態では、ものの見方がネガティブなほうに偏っていきます。

何かに注意を向けると、別のものには不注意になる――心理学では、「選択的注意」という言葉がこれに当てはまります。

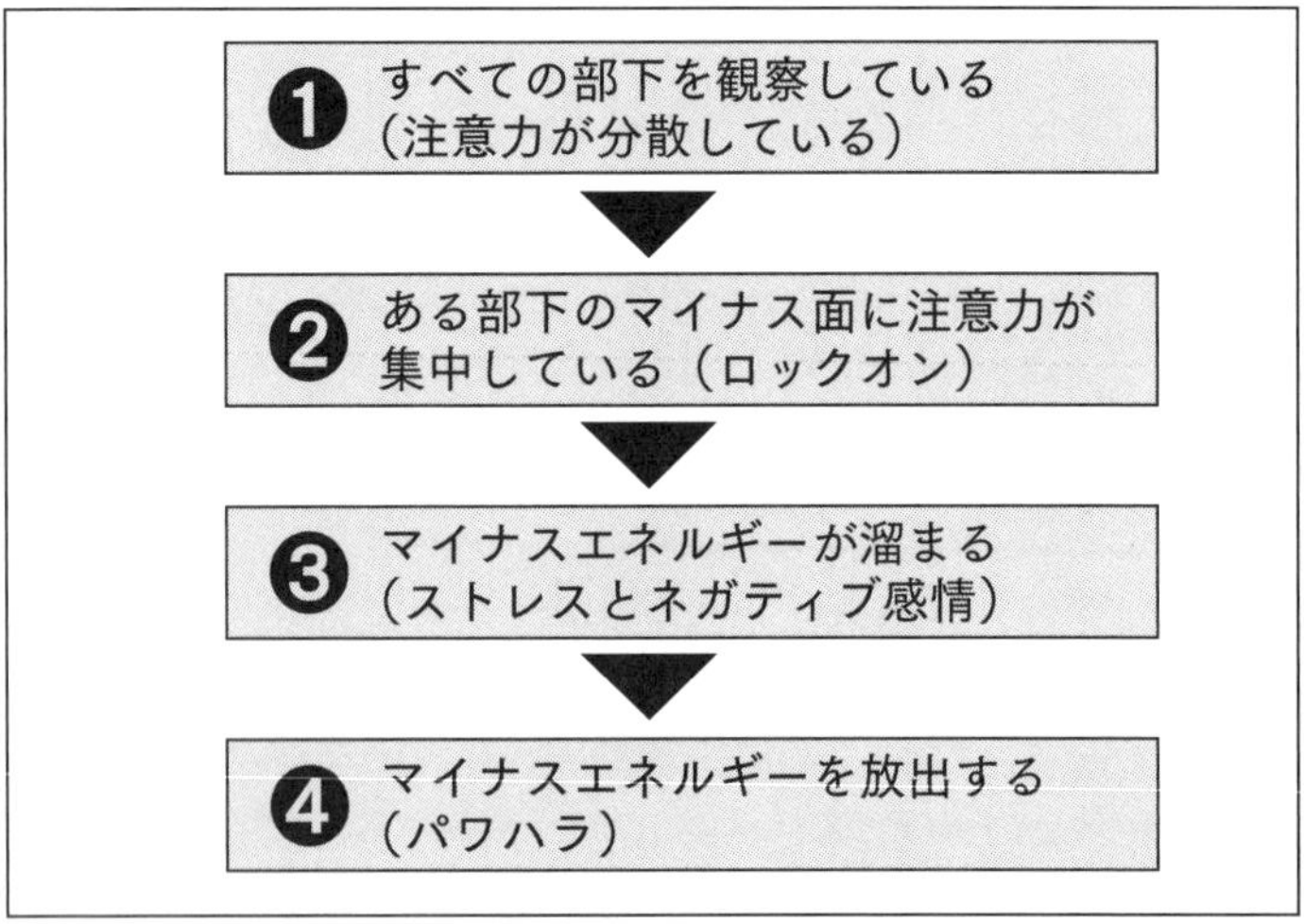

❶	すべての部下を観察している （注意力が分散している）
❷	ある部下のマイナス面に注意力が 集中している（ロックオン）
❸	マイナスエネルギーが溜まる （ストレスとネガティブ感情）
❹	マイナスエネルギーを放出する （パワハラ）

“ロックオン”からパワハラへのメカニズム

いったん部下のマイナス面が目につくと、マイナスの情報ばかりに注意が向くようになり、あたかもその部下がマイナスなことばかりをしているように見えてしまうのです。その部下にもプラスの面はあるはずですが、そういうところは目に入らない。プラスの情報がもたらされても、気に留めずにスルーしてしまう、ということが起こります。

マイナスの意識で満たされた上司にはストレスが溜まります。上司は、自らの中に堆積したマイナスエネルギーを放出する必要が生じ、部下に対してそれをぶつけてしまう……これがパワハラのからくりです。

私が「パワハラはストレス反応の一種である」と述べたのは、「パワーを持っている人がストレスを抱えると、自分より弱いものにそれを置き換えようとする」という、ストレスの置き換えというメカニズムがあるからなのです。

ロックオンという状態は、無意識に起こっています。

一人の部下のことばかり気になっている（注意の集中）。

その部下に対してイライラする（ネガティブ感情の表出）。

それが、ロックオン状態です。つまり、自分の感情が自分の状態を教えてくれるのです。

ロックオンを解除するためには、それを意識化して、自分で取り外すしかありません。一人の部下に集中していた意識を、もう一度分散し、全員を均等に見る状態に戻す必要があります。

部下に対して行っている評価や判断を一度ゼロベースで見直して、その部下の長所やプラス面に着目したり、ほかの部下との共通点を探してみるのもいいかもしれません。ただ、一度「だめな奴だ」と評価を下した部下のよい面を見るというのは、なかなか難しいものがあります。自分だけに頼るのではなく、第三者、周囲の人の声に耳を傾けてみるのもおすすめです。

パワハラ〝後〟の対応

もしパワハラを起こしてしまったら、どうすればいいのでしょうか。ここでは、パワハラ発生後の対応について解説します。

パワハラとは、自分が持つパワーを不当に使って、相手にダメージを与えたということです。与えた側の対応としては、次の2つが挙げられます。

①ダメージコントロール

②再発防止へのアプローチ

ダメージコントロールとは、実際に被害が発生してしまった後に、その影響を最小限に抑えるための事後処置をすることです。

ダメージを与えた側、すなわちパワハラをしてしまった側は、どんな対処をしていくべきでしょうか。

第1は、相手に部分謝罪することです。

パワハラ行為は、感情的になっているときに起こることがほとんどです。たとえこちら側にも言い分があったとしても、行き過ぎた部分はあったはずです。

「感情的な言い方になって申し訳なかった」「あなたの話を聞かずに一方的に責めてしまったのは行き過ぎだった。申し訳ない」など、少なくともその点は認めて謝罪をすることで、被害者のダメージをそれ以上大きくすることは避けられます。

パワハラ問題の解決の大きな壁の一つが、お互いの感情的な対立です。まずは感情の対立をこれ以上深めないためにも、冷静になって謝罪をすることが大事です。


第2は、時間を空けること、場所を変えることです。

部分謝罪は、問題が起こってから間を置かずに早く行うに越したことはありませんが、まだお互いの気持ちがくすぶり続けているときに、そこにあまり時間をかけすぎると、感情の揺り戻しが起こって再び怒りのエネルギーをぶつけてしまう恐れがあります。

そこで、「いったん時間を空ける」という方法をとります。怒りのエネルギーは、時間を置くと必ず沈静化に向かいます。

話を続ける必要があるときは、「ここでの話はいったん終えて、あらためて時間をもらえないだろうか。明日の午後1時はどう?」などと提案してみるとよいでしょう。

場所も変えることをおすすめします。問題が発生した場所で話し合いを行うと、臨場感があって、そのときの感情がよみがえりやすくなります。冷静さを取り戻すためにも、その場からいったん離れることが大切です。

直接話す状況ではないときは、メール等で謝罪の意思を示しておくことはできます。ただし、書いてすぐには送らないでください。必ず時間をおいてから読み直し、内容や文章をよく確認してから送信するようにします。

書いているときはわからなくても、時間がたってから読んでみると、「言い方がキツイ」「文章にトゲがある」「論理が飛躍していて何を言っているのかわからない」などと気づくことがあります。

感情が高ぶっているときは、脳の理性的機能が低下し、自分が感情的になっていることにすら気づかないものです。それを解決してくれるのは、時間です。時間を空けることで感情が静まり、冷静な自分を取り戻すことができます。メールを送るのは、それからで十分です。

第3は、出来事と気持ちを整理することです。

パワハラを起こしたときは、感情的になっています。このときのものの見方は客観性を失い、出来事を主観的にとらえてしまっています。

「アイツのせいで、こんなことになっているんじゃないか」「もともとは部下のほうに問題があったからだ」と、一方的に相手を責めるほうに偏りがちです。

そこで、起きた出来事を冷静に振り返り、自分の気持ちを整理していく必要があります。

頭の中であれこれと考えを巡らせるだけでは、なかなか客観的にはなれません。「人に話す」「紙に書き出す」などを通して、頭の中にあることを外にアウトプットします。

「言葉にする」という行為自体が、客観的にものを見るためのステップになります。こうして感情的な自分から、理性的判断ができる自分へとシフトしていけるのです。

以上の3つが、当面の「ダメージコントロール」として、すべきことです。

では、次に「再発防止へのアプローチ」として何をすべきかについて、見ていきましょう。

マネジメントコンサルテーションのすすめ

自分の行為を冷静に振り返ってみたとき、やはり「自分に問題があった」と自覚できたとすれば、その責任を受け入れる覚悟が必要です。すなわち、あらためて相手に謝罪をすることです。

ダメージコントロールの際の「部分謝罪」のときは、「感情的だった」「行き過ぎだった」という点のみの謝罪だったわけですから、根本的な問題については言及していません。たとえば、自分のマネジメントが不十分だったり、コミュニケーションのやり方が不適切であったりしたならば、そのことに触れて、今後は改善し、二度と同じ過ちを繰り返さないと相手に伝える必要があります。

パワハラは、自分の中の未解決の課題の象徴でもあります。そこで、83ページの「パワハラリスク度チェックリスト（管理者用）」を改めてチェックするなどして、自分に内在するリスクや未解決の問題を再認識します。

ただし、自分で自分自身の問題を掘り下げるのには限界があります。そこで、力になってくれるのが、外部の専門家です。

信頼できるカウンセラーやコンサルタントがいれば、その人のカウンセリング、コンサルテーションを受けてみます。職場の中に相談窓口がある場合は、それを活用するのもいいでしょう。

こうした専門家への相談は、日本でも広がってきてはいますが、一般の管理職や社員の間にはまだまだ十分に浸透しているとは言えない状況です。

しかし、一度利用してみれば、自分自身の悩みや課題の解決、パフォーマンスの向上、キャリアビジョンを描くことなどに対して、大いに助けになることがわかり、多くの方が「気持ちが楽になった」「今やるべきことが見えてきた」などの感想を持ちます。

管理職のだれもが、「マネジメントコンサルテーション」を受ける時代が訪れていると思います。

相談相手が社内の人間だと、お互いの立場もあって、どうしても言いたいことが言えなかったり、公式見解的な答えしか出なかったりする場合もあります。

友人や知人などプライベートな関係の相手だとすると、社内の詳しい事情まで話せなかったり、単なる愚痴を言うだけで終わったりする可能性があります。また、友人からの共感によって、自分の気持ちが満たされると、自己課題の解決に意識が向かなくなります。

その点、外部の専門家はプロとして客観的な立場から、相談者の話を聞いてくれます。感情や利害関係に左右されず、守秘義務も守るので安心してすべてを打ち明けることができます。自分の課題が客観的に明らかになり、どうすれば結果が変わるのか、その道筋が見えてくるようになります。結果を変えるためには、行動の変容が必要です。その行動変容の方法を、一緒になって考えてくれるのです。

マネジメントコンサルテーションは、パワハラの再発防止の重要なプロセスの一つです。

一人で問題を抱えない

パワハラとされた行為を客観的に振り返ってみて、「たしかに自分にも行き過ぎた点があってそこは反省しなければならないが、部下のほうにも問題がある」と判断できる場合は、どうすればいいでしょうか。

そのとき「やはり君のほうに問題があるんだよ」と冷静に伝えても、相手に受け入れられることはまずありません。

上司の役割は、部下に「私に問題がありました」と気づかせることです。そのためには、こちらから誤りを指摘するのではなく、まず相手の話をよく聞く（傾聴）ところから始めなければなりません。上司は自分から答えを出すことをせず、受容や共感、適切な問いかけによって、部下の内省をサポートする必要があります。

とはいえ、ほとんどの上司は傾聴のトレーニングを受けていませんから、部下の話を聞いて本人に気づかせる、というところまでを求めるのは無理があるかもしれません。

そこで、ここでも外部の専門家の力を借りることをおすすめします。

自分以外のふさわしい人を紹介することを、カウンセリング業界では「リファー」と言います。上司は、部下に外部のカウンセラーや職場の相談窓口の利用をすすめる「マネジメントリファー」を行います。

もし上司が、先に述べたマネジメントコンサルテーションを受けていれば、相談することのメリットを体感しているので、部下に対しても相談窓口の利用をすすめやすいでしょう。

まずは自分が受けてみて、その効果を実感する。そして部下にも利用をすすめ、悩みの解決や行動の変容につなげてもらう。

一度でも専門家のサポートを得たり、相談窓口を利用したりすれば、二度目からそのハードルはぐっと下がります。そうなると、人からすすめられなくても、自らすすんで相談窓口を利用するようになります。これを「セルフリファー」といいます。現代の職場では、セルフリファーの流れをつくっていくことが大事だと思います。

セルフリファーはセルフケア行動の一つです。セルフケアの実践力が上がれば、ストレスが関与するパワハラ問題にも対処しやすくなります。

パワハラの再発防止という課題を、一人で抱えることは避けるべきです。周囲に相談できる人や機関、仕組みがあれば積極的に活用してください。自分だけでは解決への道筋が全く見えない問題でも、他者のサポートを受けることで変容のきっかけをつかみ、解決へと向かうことは多々あります。

パワーマネジメントを実践する

パワハラと同様、よく問題になるハラスメントにセクハラがあります。どちらも許される行為ではありませんが、セクハラとパワハラでは、とらえ方を少し変える必要があると私は考えています。

セクハラは業務とは関係のない行為です。業務に性的なことは必要ありません。ですから、そういう行為は完全にやめさせなければなりません。

一方、パワハラの多くは、業務上の指導の延長線上に現れた不当行為です。セクハラのように、業務に全く関係のない行為というわけでもないのです。上司としては、必要なパワーを発揮していた。しかし、その発揮の仕方に行き過ぎがあった、あるいは発揮の仕方を間違っていた、という状況です。

したがって、パワハラをする上司に求められることは、「パワーの全面停止」ではなく、「適切なパワーの発揮」です。

管理職には、自らが持つパワーの適切な管理、すなわち「パワーマネジメント」が求められます。

パワーの発揮の仕方を誤るとパワハラになり、部下の自尊心を傷つけたり、職場環境の悪化を招いたりします。

パワーを適切な指導に発揮できていれば、部下のモチベーションを高め、職場には秩序が形成されます。

パワーを適切なコミュニケーションに発揮できていれば、部下からの信頼は増し、「相談しやすい上司」として情報が入りやすくなります。


昔、日本の企業では「プレッシャーをかける」「強く叱責する」などといった、「恐怖による動機づけ」が行われていました。これは部下を萎縮させるだけで、パフォーマンスの向上にはつながりません。

その上司のもとでは行動しますが、上司の目が届かないところでは手を抜きます。プレッシャーのかかる範囲では努力しますが、それ以上のことをやる動機がありません。

高度経済成長期ならそれでもやっていけたのかもしれませんが、今の時代にはもはや通用しないやり方です。

自分が持っているパワーをどのように使うのか。どう使えば、部下はやる気を出し、自ら考えて行動するようになるのか——「恐怖を与えるマネジメント」ではなく、現代は「人を活かすマネジメント」が必要なのです。

しかも、ひと言で「人」といっても、ひじょうに多様なあり方をしているのが現代です。高度経済成長期よりも、はるかに複雑で難しいパワーマネジメントを、今の上司は求められています。

パワハラという問題提起を機に、ぜひこれまでの古いパワーの使い方を見直し、今の時代に合ったマネジメントを実践していただきたいと思います。

指導とパワハラの違い

上司と部下とのトラブルでよく耳にするのが、「パワハラなのか、指導なのか」という問題です。

	指導	パワハラ
目的	業務遂行（成果をあげる）	制裁（罰を与える）・支配
手段	業務指示（行動を促す）	人格否定（心を傷つける）
フィードバック（＋）	感謝・期待・共感・承認	期待（一方的・妥当性ない）
フィードバック（－）	叱る（理性的）	怒る（感情的）
誰のために	相手（部下）	自分（上司）
行動の種類	教育的行動（内省・成長支援）	威嚇行動（ダメージを与える）
部下の行動	積極的（適切な行動が取れる）	消極的（依存的になりやすい）
部下の感情	やる気・感謝・希望・勇気	不安・恐怖・心配・嫌悪
動機づけ種類	内発的動機づけ（行動が目的）	外発的動機づけ（報酬と罰が目的）

指導とパワハラの違い

上司は「指導」と思ってやっているが、部下は「パワハラだ」と受け止めている。いったいその違いは何なのか、どこで区別をすればいいのかについてみてみます。

まず、指導の目的とは何かといえば、業務を遂行して成果を上げることです。そのための手段として業務指示をし、部下に具体的な行動を促します。

指導には、プラスのフィードバックとマイナスのフィードバックがあります。車にたとえるとアクセルとブレーキです。どちらのほうが大事というものではなく、両方ないと目的地まで安全にたどり着けません。

プラスのフィードバックとは、部下を認

め、部下に期待し、共感し、感謝する言葉をかけたり、態度を示したりすることです。若い世代の人たちは、基本的にプラスのフィードバックの多い世界を歩んできているので、現代の部下指導には不可欠な要素です。

マイナスのフィードバックとは、部下の誤りを正す、部下を危険から守る、部下に気づきを与える、部下の成長を促す、などのために叱ることです。もちろん、感情的に叱るのではなく、理性的な行動として叱ります。

近年は、「パワハラ」と言われるのを恐れて叱れない上司が増えています。でも、叱らない部下指導は、ブレーキのない車を運転するようなもので、大変危険です。

若い世代の人たちが、叱られることに弱く、叱られることに慣れていないのは事実ですが、一方で「正当な理由があれば、叱られたい」「自分の成長のためには叱られることも必要」とも考えていることが、若手社員対象の様々なアンケート結果から判明しています。適切な叱り方ができれば、若手社員のやる気を高め、彼らが前向きに仕事に取り組むことにつながるでしょう。

指導とは、部下のために行うものであり、部下の気づきを促し成長をサポートするための教育的な行動です。適切な指導が行われれば、部下は適切な行動をとるようになり、やる気・希望・勇気・感謝といったプラスの感情で満たされます。

そこから、「自身が成長したい」「会社の役に立ちたい」「人と社会に貢献したい」という思いが生じ、自らの内的な動機から行動を選択するようになります。そうなれば、上司が逐一指示しなくても、部下は自ら動くようになるのです。


多くの上司は、自分は右に述べたような「指導」をしているつもりでいます。ところが、長期間にわたって粘り強く指導をしているのに、その思いを全く受け止めていないように見える部下がいる。それどころか、自分やチームの足を引っ張って、改善の見込みもない。こうして、92ページで述べた「ロックオン」状態に陥って、上司の中にマイナスエネルギーが蓄積していきます。

そしてあるとき、蓄積したマイナスのエネルギーによって、「指導」しているつもりが、いつのまにか「パワハラ」との境界線をまたいでしまいます。

本人は意識していません。無意識のうちに一線を超えてしまうのです。

「指導」が「パワハラ」になると、どう変わるのか。

もはや目的が業務の遂行ではなく、相手（当の部下）に罰を与えること、相手を支配することになります。そのためには、相手の心を傷つけることも厭《いと》いません。

プラスのフィードバックもしますが、相手の立場を考慮しない一方的な期待の押しつけであったり、業務の妥当性のないものだったりします。そして相手を怒鳴りつけるなど、感情的で激しい怒りをぶつけたりします。

パワハラをする人も、「相手のためを思って」というつもりです。しかし、実際には、やり場のないストレス発散のために部下をターゲットにしているだけで、「自分のため」にほかなりません。

パワハラは、教育のための行動ではなく、部下を威嚇し、部下にダメージを与える行動です。部下は積極性を失い、つねに上司の顔色をうかがう依存的な体質が身につき、支配関係が成立します。部下の心のうちは、不安・恐怖・心配・嫌悪など、マイナスの感情でいっぱいになります。

結果、部下は自分の内なる動機で動くことはなく、外部からの刺激に反応するだけの主体性を欠いた行動に陥らざるを得なくなるのです。

「指導」をしていると思い込んでいる上司も、一度冷静な状態で自分の言動が「指導」の要素を満たしているか、パワハラとの境界線を超えていないか、振り返ってみてください。とくに、部下が明るい表情をしなくなったり、前向きな言葉が聞かれなくなったり、自分から動くのではなく言われたことしかやろうとしなくなったりしたときは、要注意です。

部下の受信力に合わせた発信を

今、上司の指示や命令が、昔のようにすんなりと部下に伝わらない時代を迎えています。

昔は、とにかく指示や命令を一方的に出しておけば、多くの人はそれを受け止めて従っていました。多少理不尽なことであっても、理解しづらいことであっても、上司の命令には従うべきものだという空気が職場を支配していました。終身雇用制のもと、将来の自分の生活の安定のためには、それが当たり前だったのです。

ところが、会社が従業員の面倒を一生見るという時代は終わりました。働くほうにも、ここで一生を過ごすという意識はありません。すると、「どんなことであろうとも、上司の指示には従う」という積極的な理由がなくなります。今は、上司の指示や命令にも、そこに正当性がないと、部下は受け取らなくなりました。

さらに、人材の流動化も加速し、人の多様化、価値観の多様化も進むなか、従来のような「発信」と「受信」の関係が成り立たなくなっています。上司が「伝えた」と思うことも、部下には「伝わっていない」という現象が起こってくるのです。

これからの時代は、「伝えた」だけでは不十分です。「伝わる」という結果が求められます。

そのためには、まず、部下がそれを受け取ったのかどうかの確認が必要です。

次に、部下がその中身を理解したのかどうかの確認が必要です。

そして、部下が内容に納得し、それに即して行動するかどうかの確認が必要です。

上司には、これまで以上に「伝え方」の工夫が必要になっています。当然、部下は一人ひとり違います。部下の経験や能力、性格やそのときの状態を考慮して、言葉を選び、説明の仕方を考えて伝えるようにしなければなりません。

部下の受信力に合わせた発信力を身につけることが、管理職に必要な時代です。部下の胸元にボールを投げれば、部下はそれをキャッチして、すばやく投げ返してくれます。

もう一つ大切なことは、上司と部下の関係性によって、部下の受け取り方が変わるということです。

関係性がよければ、部下は上司の発信を肯定的に受け取ります。指示・命令に対しても受容的です。

関係性が悪いと、部下は上司の発信を好意的に受け取ることができません。仮に命令口調で何かを言われたとしたら、反射的に心が反発します。これを心理学では、「心理的リアクタンス」といいます。「上司には従わなければならない」という意識と、「嫌いな上司に従いたくない」という気持ちが、本人の中で葛藤を引き起こし、不快な表情を示したり、不愉快そうな態度をとったりします。これが上司の目に入ると、怒りの導火線に火がついてパワハラのリスクを高めることにもなります。

上司は部下とよい関係を築くことが原則です。ただ、すべての部下とよい関係というのは、難しいかもしれません。

その場合でも、言い方の工夫というものはあるはずです。命令口調や相手を否定するような表現は避けたほうがいいでしょう。

管理職のタスク

この章では、おもに管理職に焦点を当てて、パワハラがなぜ起こるのか、その発生モデルを明らかにし、それにどう対処していくかについてみてきました。

管理職には、次の3つのタスクが求められます。

1　関係性をマネジメントする
2　内的領域をマネジメントする
3　パワーマネジメントを実践する

管理職の仕事は「マネジメント」ですから、パワハラ防止において求められることも「マネジメント」です。

パワハラとは、関係性の中で起こるトラブルです。管理職は、関係性をマネジメントするのが自らの職務であることを理解してください。

「部下が悪い」「部下に問題がある」「部下が言うことを聞かないから」ではすまされません。「部下」をマネジメントするのではありません。「部下との関係性」をマネジメントするのが、管理職の仕事です。

部下を変えることはできません。でも、部下との関係性は変えることができます。自分が抱いている「役割期待」が適切かどうかを見直し、役割期待のズレを解消してください。

管理職は、自分の中に内在するリスクを把握しておく必要があります。パワハラとは、自分の中にある未解決の課題の象徴です。「部下のせい」「組織のせい」と、外部に原因を求めるだけでは解決しません。自分の内的領域を見つめ、課題を発見し、改善・解決に向けて行動する。カウンセラーやコンサルタントなど、外部の専門家の力も借りながら、自身の内側に踏み込んでみてください。

一人で問題を抱えこむのは避けましょう。はじめは抵抗を感じるかもしれませんが、専門家のサポートがあると、解決の質もスピードも全然違うことを実感できるはずです。

管理職にとって、パワーは必要なものです。なくすのではなく、「不当行為に使わない」

「適切な指導、適切な発信に使う」ことが大切です。

管理職の大事な役割は、部下を育て、部下に成果を上げさせることです。部下を攻撃したり、部下にダメージを与えるようなパワーの使い方は断じてしてはなりません。

管理職は、部下を活かすため、部下が力を発揮できるようにパワーを使ってください。部下のパワーが増すことは、そのぶん上司とのパワーの差が小さくなり、パワハラリスクが下がります。なぜなら、パワハラは、パワーの大きい人とパワーの小さい人との関係性の中で起こる問題だからです。

部下がパワーアップすればするほど、部下は成果を上げ、部門の業績は向上します。それは上司の評価も押し上げることにもなるのです。

第3章のまとめ

◉パワハラはストレス社会の象徴だ

◉相手を変えるのではなく、
相手との関係性を変えよ

◉パワハラ〝ロックオン〟に注意せよ

◉いくら指導に熱心でも、
パワハラへの一線を超えてはならない

◉部下が受け取ることのできるボールを投げよ

◉部下とのパワー格差を小さくせよ

［第4章］

パワハラ被害を受けないために

ここが知りたい！

- ▼パワハラされやすい人っているの？
- ▼あなたのパワハラ被害リスク度は？
- ▼上司からマイナスの目で見られないためには？
- ▼パワハラのダメージを軽くするためには？
- ▼やりにくい上司を変えるには？
- ▼「やらされる仕事」から解放されるためには？

パワハラを受けるリスク

前章では、おもに管理職の方を対象に、「パワハラをしてしまうリスク」をどう避けるかについてみてきました。

この章では、その反対の側面について述べていきます。おもに一般社員を対象に、「パワハラをされるリスク」をどう避けるか、ということです。

経営者、人事部の方は「社員教育」、管理職の方は「部下育成」の視点で気づきを得ていただけると思います。

ある企業を訪問したとき、こんなパワハラ相談を受けたことがありました。

20代後半のSさんは、上司から度重なる暴言を受けていました。

「おまえは何を考えているのかわからない」「失敗しても反省しないから同じことを繰り返す」「本当にダメな奴だ」「今年の新入社員のほうがおまえよりよっぽど使える」などなど。

私は、Sさんのつらい気持ちに寄り添いながら、Sさんと一緒に今後の対応について検討することになりました。

するとSさんは、少し思いつめたような表情で、こんな質問をされてきました。

「じつは、私がパワハラを受けたのは今回がはじめてじゃないんです。前の上司からも、似たようなパワハラがありました。上司が変わってもパワハラを受け続けるのは、私自身に人間的な問題があるからでしょうか？　どうすれば自分を変えることができるのでしょうか？」

パワハラを受けた人の中には、Sさんのように自責の念にかられる人もいます。

私は言いました。

「誰にでも強みや長所もあれば、弱みや短所もあります。それが人それぞれの個性を形成しているんです。だから人間を変えようなんて思わなくていいんです。変えるのは人間ではなくて、行動です。行動を変えることで、必ず結果は変わってきますよ」

前章で、パワハラの前段階として、上司の意識が部下のネガティブな側面に集中してしまう「ロックオン」という状態があることを説明しました（92ページ参照）。

No.	☑	項目	B	C	P
1		職場のルールやマナーを守っている	●		
2		上司への報連相をこまめに行っている	●		
3		自分の非に気づき反省や謝罪をすることができる	●		
4		相手に配慮して自分の意見や気持ちを伝えている		●	
5		周囲に感謝の気持ちを伝えている		●	
6		上司が自分に対して何を期待しているか確認している		●	
7		上司の期待と自分の行動が一致するように行動している			●
8		物事を客観的にとらえて答えを出すようにしている			●
9		困ったときは早めに周囲に相談している（周囲の人・専門家）			●
10		上司より何らかの優れた能力を有している（知識・技術・人脈等）			●

B =Basic（基本的な事柄） C = Communication（双方向性） P = Performance（行動・能力）

パワハラリスク度チェックリスト（被害者側）

そこでは、上司がロックオンを解除するための方法を述べましたが、これを逆の側面から見てみましょう。部下の立場としては、上司のロックオンを避けることができれば、あるいはいったんロックオン状態に入ったとしても、そこから抜け出す方法論を持っていれば、パワハラを受けるリスクを回避できることになります。

そこで、まずは自分にパワハラを受けるリスクがどれほどあるのか、チェックシートで確認することから始めます。これは、Sさんのように、行動変容のための自分の課題として取り組みたいという人に向けて作成したものです。

パワハラリスク度チェックリストを活用する

このチェックシートは、10項目で構成されています。自分で「当てはまる」と思う項目にチェック（✓印）を入れていきますが、8つ以上入った人はパワハラ被害者になる要素が少なく、0〜2つという人は被害者になりやすい要素を多く持っている、といえます。

本来、ハラスメントは行為者側に非があり、被害者側の課題をチェックし改善を促すのは筋違いです。ただし、関係性の中で起こるパワハラに限って言えば、「すべて行為者が悪い」「行為者が全面的に謝罪と反省をするべきだ」という短絡的な見方だけでは、防止できない複雑さもあります。

このチェックシートは、被害者に内省を求めるものではなく、自己理解を深めるツールとして、またその結果自らパワハラ被害に遭わないようにするためのヒントを得るために、活用していただければと思います。

実際、Sさんにもやってもらうと、チェックが入ったのは「職場のルールやマナーを守っている」だけでした。失敗をすると、本人は心の中で反省しているのですが、上司に叱られると思うと萎縮してしまい、何も言えなくなっていました。すると上司は、報連相のないSさんに対して不信感を抱き、失敗しても反省がない（ように見える）し、謝罪もないことからますます怒る、という悪循環に陥っていました。

Sさんは、上司との人間関係が悪いため、ネガティブな思考に支配され、自信を失い、ものごとを合理的にとらえることができなくなっていました。つまり、上司との関係性の悪化の中で、チェックリストに挙げた内容が、実行できない状況に陥っていたことが明らかになったのです。

そこでSさんは、チェックリストでチェックの入らなかった項目を自分の中の課題ととらえ、一つずつ改善を試みることから始めました。その結果、周囲の人たちのSさんに対する評価も徐々に変わり始め、（当然、この上司に対して注意喚起やハラスメント防止研修を実施していますが）当初訴えていた上司からの暴言も収まりました。

パワハラリスク度をチェックする

では、チェックリストの項目について、一つひとつ見ていきましょう。

①職場のルールやマナーを守っている

社会人として、組織の一員として基本的な要素で、確実に実践することが求められます。職場のルールを守らないとミスが発生したり、業務が滞ったりして、業績の足を引っ張ります。損害が生じた場合、上司が管理責任を問われることもあります。

部下がルールを守らないと、上司は「部下にルールを守らせる」という初歩的なことにいつも注意を向けていなければならなくなります。すると、成果を上げるという本来の目的にエネルギーを集中できなくなり、いら立つことが多くなります。

まずは仕事のルール、社内のルールをよく理解しているのか、確認しましょう。また、ルールがつくられた目的や意味を知ることで、確実に実践するきっかけになります。

なお、マナー違反は、損害を与えなかったとしても、周囲に不快感を与えます。基本マナーを身につけることは、社会人としての原則です。

②上司への報連相をこまめに行っている

これは、上司とのコミュニケーションの密度の問題です。

アメリカのある経済誌の調査では、経営トップ１５００人に「なぜ、あなたは成功できたのか」との質問に対し、「コミュニケーションの勉強をしたから」と回答した人が72％を占めた、という結果だったといいます。部下にとって、上司への報告・連絡・相談が第一義的に重要なのは、ビジネスコミュニケーションの基本だからです。報連相がない、あるいはその質や量に問題があると、上司は部下に対して不安、心配、イライラといったネガティブな感情を抱きやすくなり、評価にもマイナスの影響が出てきます。

報告は、最後に結果だけを報告すればいいのではありません。途中で進捗状況を伝える「中間報告」、当初想定していなかったことが発生したら「イレギュラー報告」、指示された業務が終了したら「終了報告」と、遂行中のプロセスでも適宜報告を行います。

連絡は、緊急性や重要度によって手段（電話、SNS、メール、直接面談など）を選択し、知らせる必要がある人に対して、「タイミングよく」「もれなく」「わかりやすく」を心がけて行います。

相談は、相談の目的を明確に持つことが大事です。一方的に自分の意見を述べるだけだったり、何も考えを持たずにただ上司の意見を聞くだけということではありません。自分の考えを整理してから相談すること、一方的でなく双方向でやり取りをするように心がけましょう。部下がこまめに上司に相談することで、上司の期待と部下の行動とのズレが起こりにくくなります。

ちなみに、長時間の接触よりも、短時間でも数多く接するもののほうが好感を持ちやすい（アメリカの社会心理学者ロバート・ザイアンスが発表した「単純接触効果」）ことが知られています。短くていいのでこまめに報連相をすれば、上司からの印象もよくなるはずです。

③自分の非に気づき反省や謝罪をすることができる。

上司とは、「責任をとる」という立場です。したがって、自分から責任をとろうとする人に共感します。反対に、責任を回避する人、責任から逃れようとする人に対しては、厳しい見方をします。

上司からの指摘に対し、自分の非を認め、反省や謝罪をすることは、部下としての責任をとる姿勢です。一方、責任を取らない人は、自分の非を認めません。そして、「私は悪くない（責任をとらなくていい）」ことを示すために、「悪いのはあなただ（あなたが責任をとるべきだ）」と主張することもあります。

上司が人格否定や雇用不安を与えるような暴言や脅迫をしてきたのなら、これはパワハラですから上司に非があります。

しかし、業務遂行上必要な範囲での注意や叱責は、感情的に反応するのではなく、その意味や理由を考える必要があります。そして自分に非はなかったのかしっかりと振り返り、認めるべきところは認めて、受け入れる（反省・謝罪する）ことが大切です。そうすることで、次の業務の遂行がスムーズになり、自分の成長にもつながっていくのです。

④相手に配慮して自分の意見や気持ちを伝えている

人間関係のズレが発生する要因の一つに「相手に対する情報不足」が挙げられます。自分の情報を相手に伝えないと、相手は情報不足の中で自分なりに解釈してしまうことになります。私たちは、よく知っている相手に対しては好意的な見方をしますが、知らない相手に対してはネガティブな解釈をしがちです。

相手との関係を良好に保つためには、日ごろから自分の情報（考えや気持ち）を相手によく伝えておくことがポイントなのです。

そのとき注意してほしいのは、「相手に配慮した」伝え方です。言い換えれば「相手が受け取りやすい」伝え方です。

おすすめは「Ｉメッセージ」を使うことです。Ｉメッセージとは、「私」を主語にして相手にメッセージを伝えることです。

たとえば、あなたが抱えている案件が思うように進まず悩んでいるときに、上司から再三進捗状況の報告を求められ、それ自体がプレッシャーになって苦しんでいるとしましょう。そのとき、沈黙したり、なるべく上司との接触を避けようとしたりすると、上司は「情報不足」になり、あなたに対してネガティブな解釈をするようになります。そして、叱責や追及が事あるたびに激しくなっていく可能性があります。

そんなときは、抱えている案件の状況を率直に伝えたうえで、「私は思うように進められないことに悩んでいます。その中で頻繁に報告を求められることにプレッシャーを感じて、精神的につらいんです」とＩメッセージで表現してみます。すると、上司もそこで客観的な情報（案件の進捗状況）と、あなたの情報（気持ち）が得られて、対応を変えてくれるかもしれません。上司の目的は、あなたにプレッシャーをかけることではなく、組織としての業務の遂行と部下の育成です。状況をうまく伝えられれば、あなたの気持ちが前を向き、案件が進むようにサポートやアドバイスをしてくれる可能性があります。

⑤周囲に感謝の気持ちを伝えている

感謝すると、相手も自分も幸せな気持ちになります。感謝の気持ちを伝えあうことは、集団を形成する力になります。感謝のあるところにパワハラは生まれる余地がありません。日本社会には、「いつもお世話になっております」「毎度ありがとうございます」など、昔から感謝の気持ちを伝えあう習慣がありました。しかし今、従来の電話やメールのほかにもSNSなどコミュニケーションの手段が多様化し、スタンプや画像も活用するなどそのやり方も次々と変化します。若い世代を中心に、コミュニケーションの常識が塗り替えられていく中で、上の世代とのギャップが年々大きくなっていることも、パワハラの背景の一つにあるのではないかと思います。

心の中に感謝の気持ちを持っているだけでは、相手には伝わりません。職場の仲間や上司には、感謝の気持ちを伝えることを、今一度心がけてみてはいかがでしょうか。

⑥上司が自分に対して何を期待しているか確認している

⑦上司の期待と自分の行動が一致するように行動している

これは、第3章の「役割期待」や「関係性のマネジメント」を説明した部分（77〜82

ページ参照）で、管理職の課題として触れた内容に相当します。

上司は、部下に対する役割期待のズレの解消に努めなければなりませんが、部下のほうからも、上司の自分に対する役割期待を把握し、それに一致するような行動を心がけることで、ズレをより小さくすることができます。

上司が自分に何を期待しているのかわからなければ、行動にズレが起こる可能性が高まり、おのずとパワハラを受けるリスクが高まってしまいます。

⑧物事を客観的にとらえて答えを出すようにしている

仕事に感情を持ち込まないようにします。感情的になると、合理的な思考ができなくなり、仕事の目的、必要性、本質を見失いがちになります。

上司を好き嫌いで判断するのではなく、個人的な感情と、仕事に必要な行動を区別することが大切です。

⑨困ったときは早めに周囲に相談している（周囲の人・専門家）

問題は大きくなればなるほど、解決が難しくなります。問題が起こったら、できるだけ早く報告・相談するのが、解決への近道です。上司への報連相の大事さは、先ほど②で述べたとおりです。

業務とは直接関連しないこと、あるいは直属の上司には相談しにくい場合、ほかの人に相談したり、各種の相談窓口や相談機関を利用する方法もあります。職場の中に産業医や保健師、カウンセラーがいれば利用すればいいですし、いなければ現代では外部の機関も整ってきていますので、探してみてください。

「相談できる」のも、一つの能力です。相談すること、相談できる人や機関を増やすことは、問題解決力を向上させます。セルフリファー（104ページ参照）の能力を上げることは、パワハラ防止にもつながるのです。

⑩上司より何らかの優れた能力を有している（知識・技術・人脈など）

パワハラは、パワーバランスの偏りから生じます。

上司には職務権限のパワーをはじめ、経験のパワー、人脈のパワーなど、さまざまなパワーがあります。部下にパワーがなければ、圧倒的なパワー格差から、パワハラを受けやすくなるのです。

しかし、部下にも集団を形成するパワーや、専門性のパワーなど、上司とは異なるパワーを発揮できる余地があります。部下は部下として、自分のパワーを強化していくことが、パワハラの防止には大切になってきます。

部下がパワーをつけることは、部下が自分で成果を上げていくことにつながり、上司が望んでいることでもあるはずです。

なお、これらの10項目は、ベーシック（基本的な事柄）、コミュニケーション（双方向性）、パフォーマンス（行動・能力）の3分野に分かれています。自分の傾向や特徴、改善・強化すべき点を知るための参考にしてください。

パワハラ「ロックオン」を回避する方法

パワハラの前段階としての「ロックオン」（上司の意識が部下のネガティブな側面に集中してしまう状態）は、多くの場合、無意識に行われています。

ここで受け手の部下のほうも、上司のロックオンに無意識・無自覚のままでいると、パワハラへと発展するリスクが高まります。

パワハラに至る前に、上司のロックオンに気づくことが、部下としてパワハラを回避するために重要です。急に叱られる回数が増えた、叱責の言葉が激しくなったなど、自分に対する上司の態度や行動に変化があったことに気づいたら、「もしかしてロックオンされているのでは？」と考えてみることが必要かもしれません。


「どうやら自分は上司からロックオンされているようだ」と思ったら、先に掲載した「パワハラリスク度チェックリスト」（123ページ）をもう一度チェックし、不十分だと思う点があれば改善を図りましょう。

なかでも重要な項目が、次の4つです。
②上司への報連相をこまめに行っている
⑥上司が自分に対して何を期待しているか確認している
⑦上司の期待と自分の行動が一致するように行動している
⑨困ったときは早めに周囲に相談している（周囲の人・専門家）
これらに重点的に取り組むことで、上司のロックオンを外せる可能性があります。

パワハラをする多くの人は、理性を見失っています。怒りの感情が、理性を凌駕してしまうからです。

怒りは「二次感情」であると言われています。つまり、怒りの以前に何らかの「一次感情」があり、それが収まることなく増幅して「怒り」という二次感情に発展するというのです。

二次感情にアプローチしても、なかなか解決のめどは立ちません。原因となっている一次感情が収まらないからです。怒りに火がついている人をなだめようとしても、容易ではないのはそのためです。

部下としては、上司がパワハラという怒りの二次感情を爆発させる前に、そのもととなる一次感情を突き止め、一次感情をなだめるようにすれば、パワハラを受けるリスクを低減できます。

たとえば、自分の報告が遅れたせいで、上司がイライラしている様子だったら、「気をもませてしまいましたか？」と確認し、「報告が遅れて申し訳ありませんでした」と伝える。不安そうな表情を浮かべていたら、「報告が遅くなって心配させてしまいましたか？」と聞いてみて、「ご心配をおかけし、申し訳ありませんでした」と伝える。上司の一次感情を理解し共感することで、相手（上司）に「自分の気持ちをわかってくれた」という安心感を与え、怒りという二次感情に至るのを防ぐことができます。

ダメージを受けない対処法

格闘技や武道の世界に「受け身」という言葉があります。相手から技をかけられたとき、ダメージを少なくする態勢をとることです。

パワハラも相手からの攻撃ですから、受け身をとらないと、こちらのダメージが大きくなってしまいます。大きなダメージを受けると、その後の対処ができなくなって、解決へのステップが遅れてしまうことになりかねません。

世の中は善意の人ばかりではありません。人を攻撃し、人にダメージを与えようとする人はどこにでもいる、そんな人に出会うこともある、という前提をつねに持っておくことも必要です。

そのうえで、突然相手が感情を爆発させてパワハラをしてきた場合、こちらのダメージをできるだけ大きくしない方法をご紹介します。

まずは相手に部分謝罪をして感情的対立を避けることです。

ミスや問題行動など、自分にも反省すべき点があって相手が怒っているのだと思うときは、「課長の指示を十分理解せずに自分の判断で先走ってしまい、ご迷惑をおかけしました」などと、まずはその部分について謝罪します。

それがないと、「こいつは全然わかっていない」と思われ、まずます攻撃がエスカレートする恐れがあります。「なんだ、わかっているじゃないか」と思われると、それ以上攻撃する必要はないとみなされるかもしれません。

次に、いったん時間を空けたり、場所を変えたりすることです。

部分謝罪をしても、そのまま話を続けると、何かのきっかけで「やっぱりまだわかっていないじゃないか」とか、別のマイナス面が見つかって「そっちのほうも問題じゃないか」などと、相手の怒りが再発する可能性があります。

そこで、「一度、自分の中でも整理したいので、明日改めてお時間をいただけますか」などと、いったん時間を空けることをおすすめします。

また、同じ場所だと同じ感情がわき起こりやすいので、別の場所に変えたほうがいいでしょう。

問題解決に向けて

パワハラは、相手が感情的になって起こる現象です。そのとき、こちらも感情に巻き込まれると、恐怖心や不快感、「許せない」という怒りなど、さまざまな感情に振り回されることになります。感情的なままでは、具体的な協力や支援が得にくく、うまく解決へと進んでいきません。

状況を変えるためには理性的になることが必要です。まずはパワハラに対して「受け身」をとり、相手から少し距離を置くことで、冷静さを取り戻す時間を得ます。

そして、自分の気持ちを落ち着かせるためにも、「何が起こったのか」「そのとき自分はどうしたのか」「どんな気持ちになったのか」などを書き出したり、あるいは冷静な第三者に話したりして、アウトプットします。

もし、冷静になってみて、「自分の課題だった」と思えるときは、その改善に取り組む必要があります。しかし、冷静に考えてみても「相手に問題がある」と思えるときは、次の2つの対応が考えられます。

①主張する

相手の不当な要求に屈することなく、相手に自分の考えを冷静に伝えます。その際、Iメッセージ（130ページ参照）や、相手の立場を配慮した表現をすれば、受け入れられやすいかもしれません。

②相談する

相手に主張できる状況にないとき、あるいは主張しても聞き入れられないときは、職場の相談窓口に相談します。パワハラは基本的には職場の中の問題ですから、職場の相談窓口を利用するほうが解決への流れがスムーズです。

ただし、内部の相談窓口では解決しないと思われる場合は、外部の専門家や相談機関を利用する方法があります。近年は、141ページのように相談できる機関が増えていますので、職場の中で十分なサポートを得られない場合には、積極的に活用してください。

パワハラは、重大な人権侵害です。

もしパワハラ被害を受けたのなら、相手の不当な要求を受け入れる必要はありません。

厚生労働省「あかるい職場応援団」のサイトにて紹介(2020年1月4日現在)
https://www.no-pawahara.mhlw.go.jp/inquiry-counter

・ハラスメント悩み相談室(厚生労働省委託事業)※メール・電話相談(無料)
・総合労働相談コーナー(各都道府県労働局)
・個別労働紛争のあっせんを行っている都道府県労働委員会・都道府県庁
・法テラス(日本司法支援センター)
・みんなの人権 110 番(全国共通人権相談ダイヤル)
・かいけつサポート(認証紛争解決サービス)
・こころの耳(働く人のメンタルヘルス・ポータルサイト)
・労災補償について(労働基準監督署)
・確かめよう労働条件(労働条件に関する総合情報サイト)

パワーハラスメントに関連する相談機関一覧

勇気をもって拒否しましょう。暴言、暴行、いじめ・嫌がらせといったあなたの人格を否定する行為は、決して許されることではありません。あなたを貶め、蔑もうとする相手の価値観に同調する必要はありません。自分を大切にしてください。

相談窓口や信頼できる人に事実を話し、解決に向けて一歩を踏み出しましょう。

パワハラのない職場は、みんなでつくるものです。一人で抱え込まず、職場全体で考え、取り組むべき課題です。パワハラを「しない、させない、許さない」を、職場の全員で共有していただきたいと思います。

「やりにくい上司」を変える

一般的には、パワハラは上司から部下に対する行為として問題視されますが、近年、「逆パワハラ」という問題も指摘されています。これは部下が上司に対して行ういじめ・嫌がらせです。

挨拶や業務の指示をされても無視を続けたり、受け付けなかったりする。業務上必要な注意に対しても「それ、パワハラです」「訴えますよ」などと言って、業務の遂行を拒否するなどです。集団になって上司を無視、誹謗中傷するケースもあります。

労働者は守られなければなりませんが、そのためにつくられた法律を逆手にとって、行き過ぎた主張をしたり悪用したりすることは避けなければなりません。

上司による部下へのパワハラが許されないことであるのと同様に、部下による上司へのパワハラも許されないことです。

たとえば、叱られただけで「パワハラだ」と主張する人がいます。

私たちは、往々にして自分に偏った見方でものごとを見ているものです。「気に入らない上司」「やりにくい上司」というのは、自分サイドから見たネガティブな側面であって、見る側面を変えてみると、全く違う上司像が浮かび上がってくることがあります。

ある職場の例をご紹介します。

人事異動でその部署の責任者が交代しました。前任者のA部長は、メンバーの意向をとても尊重してくれる人で、企画を上げるとどんなものでも経営会議に諮ってくれました。メンバー間では「やりやすい部長」「理解のある上司」として定評がありました。

ところが、後任のB部長は、全く違う方針で臨みました。メンバーが企画を上げても、あれこれと重箱の隅をつつくように問題点を指摘して、全然会議にかけてくれなくなったのです。メンバーは皆、「われわれに嫌がらせをしているのではないか」と大いに不満を漏らしました。B部長は着任早々から「やりにくい部長」「部下の思いをくみ取らない上司」という目で見られるようになりました。

当初はみんなで愚痴ばかり言っていましたが、それでは埒が明きません。するとメンバーの一人から「自分たちも従来のやり方にこだわっている。今はB部長のやり方に沿ってみるしかないのではないか」という意見が出ました。

B部長は論理性を重視する人でした。企画書に、論理的な不備があったり、少しでも論理に飛躍があったりすると、そこを突かれて決して通してくれません。

逆に、ビジュアル面など、ほかの部分が多少手薄であっても、論理さえ通っていればいいのです。このことに気づいたメンバーたちは、B部長に「ミスター・ロジック」というニックネームをひそかにつけて、とにかく論理性重視の企画書に力を入れました。

すると、B部長がメンバーたちの企画にOKを出し始めます。しかも驚いたことに、B部長は経営会議でもその企画を押し通し、次々と企画の推進を決めてくるのです。振り返ってみると、A部長のときは企画は了承してくれても、経営会議に諮るとダメな場合が多かった。B部長に変わってからのほうが、むしろ自分たちのやりたいことが実現できていく、ということに気がつきました。企画の再提案の準備も不要となり、残業も減って、今でいう「働き方改革」が可能になったのです。

メンバーたちが当初のまま「われわれに嫌がらせをしている」「やりにくい部長」というネガティブな見方にとらわれていたら、このような転換は起こらなかったでしょう。

「ミスター・ロジック」という別の見方でB部長をとらえなおしたために、関係性が大きく変化したのです。

一見マイナスの事柄でも、それがプラスになることを考える。考え方の枠組み（フレーム）をポジティブに変える。これを「リフレーミング」といいます。

「気に入らない」「やりにくい」など、上司に対してネガティブな思いにとらわれていると感じたら、リフレーミングという手法を試してみてください。

一方、嫌がらせの意図があって、理詰めで追い込む上司の場合、リフレーミングする必要はありません。早めに職場の相談担当者に相談することをおすすめします。

仕事の意味をとらえる力

多くの企業でパワハラ問題に携わってきた私が思うことがあります。それは、一般社員にとって、パワハラ問題と向き合うとき「意味をとらえる力」が大切になる、ということです。

もし、上司からの叱責が、業務上の範囲を超えていた場合、たとえば罵詈雑言や人格否定、大きな音を立てて恐怖心をあおりながら、非常識なほど長時間にわたるなどした場合、「パワハラだ」と受け止めて当然でしょう。

では、業務上の必要があっての叱責だったが、重大性を考慮して、上司が厳しい叱り方をした（人格否定などはなく）場合、部下としてはどうでしょう。「上司は自分のために叱ってくれている」、あるいは「仕事で必要だから叱っている」と受け止める人もいれば、もしかしたら「パワハラだ」と受け止める人もいるかもしれません。

これまで述べてきた通り、パワハラにあたるかどうかの判断は、現場では行いません。したがって、現場で、今の行為がパワハラにあたるかどうかを言い争うのは、まったく不毛な議論です。

今、考えたいのは、人の受け止め方についてです。

たとえば、ある程度の経験を積まないとこなせない仕事があったとします。主任のCさんに任せればやれるが、新入社員のDさんに何のフォローもなしにやらせるのは、明らかに「過大な要求」になる。

では、上司がこの仕事を入社3年目のEさんに命じたとしましょう。これは「過大な要求」になるのか、ならないのか――もちろん、具体的な仕事の中身やEさんの能力・状況等によりますので、当てはまるかどうかをここで決めることはできません。

ただ、Eさん自身が、自分の仕事をどう意味づけているかによって、受け止め方が違ってきます。「私は○○のために仕事をしている」「仕事を通してこんなふうになりたいと思っている」など、仕事の目的や自分の理想像が明確な場合、すなわち「意味をとらえる力」が高い場合、難しい仕事を与えられても「自分の成長のために必要だ」ととらえて、前向きに取り組むことができます。

一方、仕事の意味がわからず、そこに自分の理想も思い描けないときは、高い目標を設定されても〝やらされ感〟が強く、「過大な要求」と感じやすくなります。つまり、「意味をとらえる力」が低いと、正当な叱責や自分を成長させる高めの目標を命じられても「パワハラだ」と感じる可能性があるのです。

「内的キャリア」を育てる

これは「キャリアデザイン」にかかわる問題だと、私は考えています。

今、日本の企業社会では終身雇用制度が崩壊し、長い職業人生の中でキャリアを自分で形成していく力が求められるようになっています。

キャリアといえば、従来は、職歴、手がけてきた仕事、取得した資格など、外部から評価される要素が中心でした。もちろん、今でもこれらは重視されています。

ただ、これらの「外的キャリア」は社会を生きる上で必要ですが、一度手にしたからといって、必ずしも安定的に自分を支え続けてくれるものではありません。時代は猛スピードで変化しています。これまで評価された経歴や能力が、これからも必要とされるとは限らないのです。

そこで大事になってくるのが「内的キャリア」です。内的キャリアとは、興味・関心、価値観・仕事観、やりがい、使命感など、個々人の内面にあるものです。これは外部によって評価されるものではなく、自身の満足感・充実感であり、自分自身で評価するものです。したがって、内的キャリアを育てれば育てるほど、外部の力に左右されずに安定した自分を築くことができます。

これからのキャリアデザインは、内的キャリアをしっかり意識し、育んでいく時代です。内的キャリアを育てていないと、外で起こる出来事に振り回される日々を送らなければ

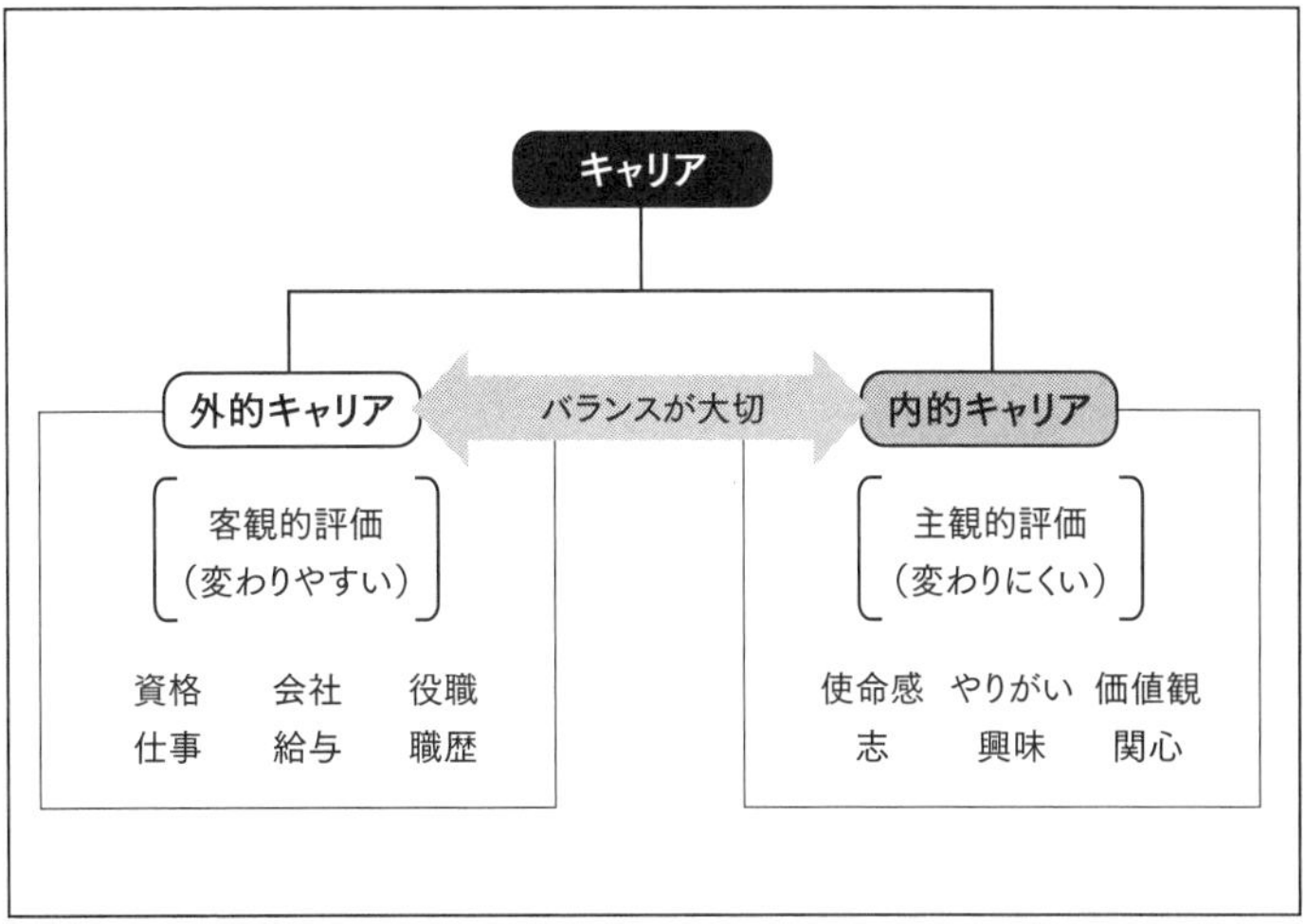

外的キャリアと内的キャリア

ばなりません。「何のために仕事をしているのか」「働くことで、どこに向かって歩もうとしているのか」――時には自分を振り返り、確認することが必要です。

それが、仕事の「意味をとらえる力」(仕事の意味づけ)を高めることになるのです。

「なんのために働くのか」――働く人にとって、この根本的な問いかけが、今後さらに重要になってくるでしょう。

仕事には、役割(すべきこと)、能力(できること)、欲求(したいこと)の3つの要素がかかわっています。これは、キャリアデザインの講義によく出てくるアプローチです。

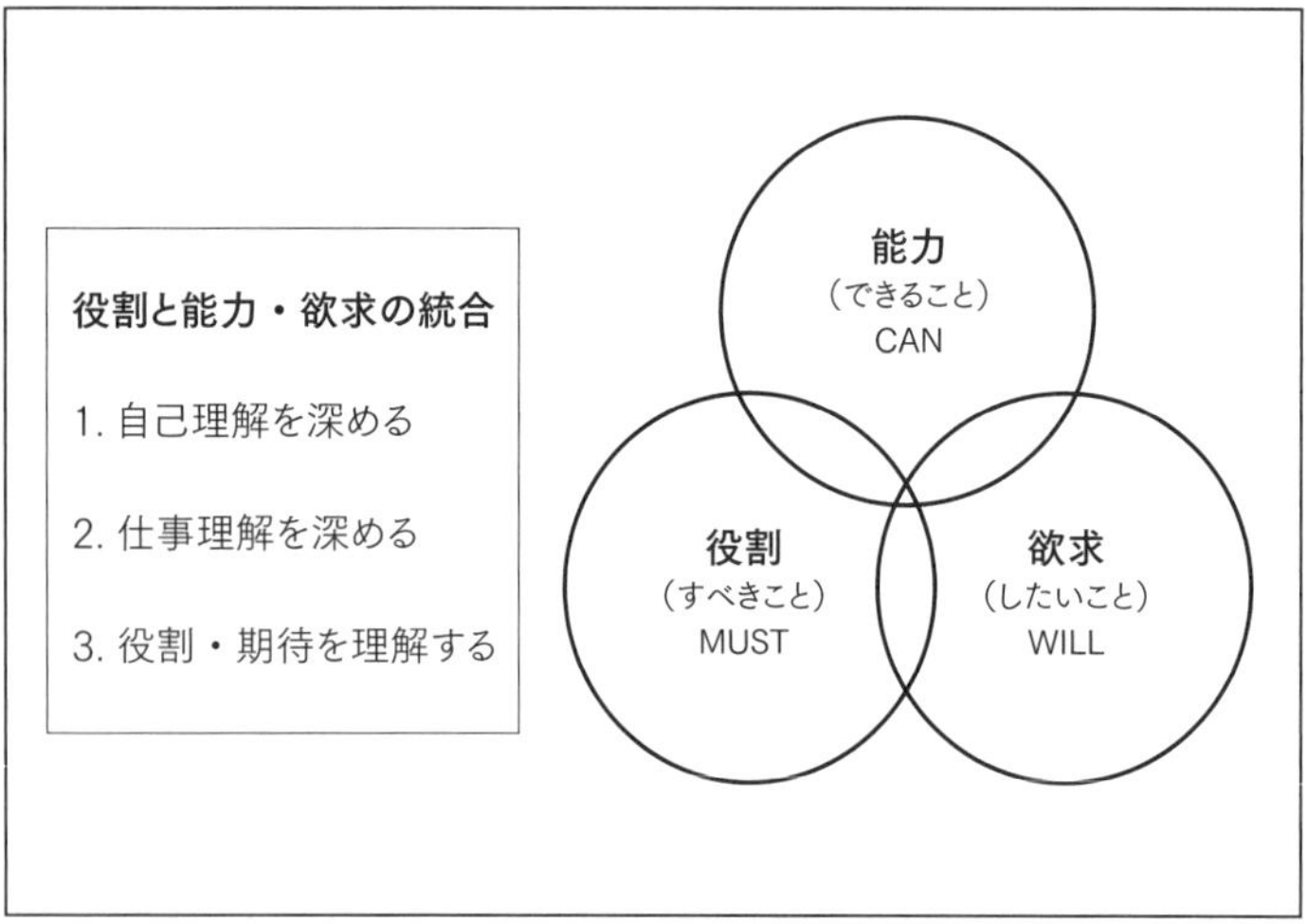

仕事を意味づけする

会社や上司から与えられ、指示されるのは、おもに「役割」の部分です。もちろん、役割を果たすことは大事です。ただ、そこだけに偏り、果たしている役割以外に持っている能力や欲求を抑圧すれば、本来の自分の可能性が生かされず、次第に意欲を失っていくかもしれません。

与えられた「役割」を果たすだけでなく、そこに自分の「能力」を発揮していく。そして、できればそこに「やりたいこと」（欲求）も重ね合わせていく。「役割」「能力」「欲求」の3つが重なる領域が広がれば広がるほど、仕事に対するパフォーマンスが上がり、満足度は大きくなります。

自らがキャリアをデザインする時代——与

えられた「役割」を超えて、そこに自分の能力をどう生かしていくのか、自分の欲求（やりたいこと）が含まれるようにどう展開していくのか。仕事の意味を掘り下げ、能動的に仕事に向き合う。パワハラという後ろ向きな問題に労力を注がなければならない職場ではなく、やりがいや使命感など、前向き・建設的なエネルギーが満ちる職場にしたいものです。

一人ひとりが仕事の意味を問い、自己理解を深めることが、これまで以上に大切な時代になっています。

一般社員のタスク

この章では、おもに一般社員に焦点を当てて、パワハラをどう回避するか、またパワハラ問題とどう向き合っていくかについて述べてきました。

一般社員には、次の3つのタスクが求められます。

1　パワハラに対して受け身をとる

2　問題解決力を上げる
3　意味をとらえる力を育てる

一般社員がパワハラを受けないためには、まず上司から「ロックオン」（パワハラの前兆で、上司の意識が部下のネガティブな側面に集中すること）されないことが大切です。「パワハラリスク度チェックリスト（123ページ参照）を活用し、自分の傾向を把握するとともに、改善できる点は改善していくことで、パワハラを受けるリスクを減らせます。

それでも、パワハラを受けてしまった場合は、自分へのダメージを減らすために「受け身」をとることが必要です。自分にも問題があればその点については謝罪をし、まずは相手と距離をとって冷静さを取り戻してください。

パワハラとは、自分よりパワーのある人から受けるハラスメントです。自分の力だけで解決しようとしても限界があります。一人で悩みを抱え込むのではなく、信頼できる他者に話したり、相談窓口を活用するようにしてください。

誰かに相談することで悩みを解決する力が飛躍的に上がります。

パワハラ問題を取り上げるとき、一般社員にとっては「パワハラ被害を受けたときの対処法」に注目が集まりがちです。

しかし、本書では、パワハラは組織を挙げて防止に取り組むべき課題で、プロジェクトを成功させるために全員が積極的にかかわるべきだというスタンスです。

一般社員の皆さまも、単に自分がパワハラの被害に遭わなければよいのではなくて、組織がパワハラを起こさないために果たすべきタスクがあるのです。

その一つが「意味をとらえる力を育てる」ことです。自分にとって仕事の意味が明確であればあるほど、そして仕事の「役割」と「能力」と「欲求」が重なり合えば合うほど、パワハラのようなマイナスで後ろ向きな出来事とはおのずと無縁になります。また、たとえ直面したとしても、相談窓口や外部の専門家、相談機関などの協力を得て適切な対応がとれるはずです。

第4章のまとめ

◉Iメッセージで自分の気持ちを冷静に伝える

◉上司への報連相をこまめに行う

◉上司が自分に何を期待しているのか把握する

◉リフレーミングで相手への見方を変える

◉内的キャリアを育てて、仕事の意味を明確化する

◉セルフリファァー能力(周囲の人や専門家に相談する力)を高め、問題解決力を養う

[第5章]

一人ひとりの意識でパワハラを防ぐ

ここが知りたい！

- ▼パワハラは当事者と人事部で解決する問題？
- ▼他部署のパワハラには口出しできない？
- ▼組織内のパワハラをどうやって明らかにする？
- ▼被害者が声を上げづらそうにしているとき、どうする？
- ▼加害者には注意すべきなの？
- ▼当事者と親しければ、仲介してもいい？

第三者の役割

組織の中からパワハラをなくすためには、まずは組織内でのパワハラの実態を明らかにすることから始める必要があります。

パワハラに限らず、ハラスメントは被害者がなかなか声を上げづらいのが実情です。

一方、行為者側は、自分の行為はハラスメントではないと思っている場合があります。

すると、だれにもその行為が止められず、不当行為が続いてしまう可能性があります。

こうして人事部が問題を把握したときには、被害者のダメージが深刻になっているケースも少なくありません。

実態把握のためには、社内アンケートを実施するという方法があります。アンケートをとれば、「その時点」での状況はある程度見えてきます。

ただし、ハラスメントはいつ何がきっかけで始まるかわかりません。一時的に問題がなかったからといって、その後も問題が起こらない保証はありません。つねに観察を続ける必要があるのです。

そこで、重要な役割を果たすのが第三者です。

ハラスメント問題は、当事者任せにしてはいけません。当事者以外で現場にいる第三者は、客観的な立場に立ちやすく、事実関係の確認や問題解決へのサポートに大きく貢献できる存在です。

この章では、第三者の役割と、パワハラ問題に接したときの具体的な対応方法について説明します。

パワハラを「見える化」する

第三者の役割は、パワハラの「見える化」です。

パワハラの「見える化」とは、当事者任せにしておくと表面化しにくいパワハラを表に出し、組織が対応すべき問題として俎上に載せることです。

そのためには、日ごろから周囲の人に関心を持つことが必要です。あいさつを交わしたり、ちょっとしたひと言をかけたりして、職場の人、周囲の人との接点を持つように心がけてください。

声かけや観察を日々続けていると、その人に何か変化があったときに、気づきやすくなります。

あいさつをしても元気がない、声をかけても返事がない、表情が乏しくなった、笑顔が消えた、仕事に身が入っていないように見える、ミスが多くなったようだ、遅刻や早退が増えた、よく休むようになった……などなど、いつもと違う様子に気づいたら、「もしかしたら、ハラスメントかも」と考えてみることが必要かもしれません。

こうした変化に気がついたら、折を見つけてその人に確認し、ハラスメントが疑われるようであれば相談に行くようすすめてください。

もし、本人が自分で相談に行くだけの気力さえ失っているように見えたら、本人に代わって社内の相談窓口に通報します。

ハラスメントを許さないという第三者の姿勢が、組織のパワハラを「見える化」するのに役立ちます。

職場のハラスメント対策は、「ハラスメントをしない」意識だけでは十分ではありません。「ハラスメントを許さない」意識と行動が必要なのです。

パワハラ当事者を「サポート」する

第三者のもう一つの役割が、「サポート」です。

サポートとは、当事者同士では非常に解決しにくいパワハラ問題について、間に入ることでお互いの気持ちを和らげたり、冷静な立場から解決に向けての行動を促したりすることです。


たとえば、当事者の話を聞くだけでも、サポートになります。

被害者は周囲に相談できなくて孤立しているかもしれません。そんなときに声をかけられ、とりあえず今の状況や自分の気持ちを話すことができれば、心の中が整理され、少しだけでもこの先どうするかという方向性が見えてくるかもしれません。

また、パワハラ行為者と呼ばれる人も、悩み・苦しみを抱えているはずです。第3章で述べた通り、パワハラとは、個人や組織のストレス反応の一種だと考えられるからです（72ページ参照）。行為者の話を聞くことも、第三者ができるサポートの一つです。

どちらの場合も、当事者から話を聞くときは、相手の話にそのまま耳を傾ける「傾聴」が原則です。こちらが一方的に意見をさしはさんだり、反論したりすることは避けましょう。まずは相手の気持ちを理解することが第一歩です。そこに十分な配慮がなされないと、次に進むことはできません。

当事者からある程度の信頼を得られたなら、もう少し踏み込んだサポートが可能になります。

パワハラ行為者に対して、言い方に配慮しながら注意を促すのもその一つです。パワハラ行為がこのまま続けば、行為者自身も大きなダメージを受けることになるのです。相手がこれ以上不利な立場に追い込まれないように、行為者の気持ちを受け止めながら、行為だけはストップするように後押しします。

被害者の信頼を得ている人であるならば、被害者の代弁者になることもできます。ハラスメント被害者は、自分で声を上げにくい状況下にいます。そこで、被害者に代わって相談窓口で事実を説明したり、被害者の心身の状態を述べたり、今の要望を伝えたりします。なお、被害者の代弁者になる場合は、必ず本人の承諾を得てから行動に移すようにします。承諾なしに勝手な動きをしてはいけません。

行為者と被害者、双方の信頼を得ている人なら、仲介者になることもできます。この場合も、基本は「傾聴」です。「仲介者に自分の気持ちをしっかりと受け止めてもらえた」「仲介者は自分の気持ちを理解してくれた」という実感がないと、仲介者から相手の話を聞いても、受け入れることはできないでしょう。

お互いの間にパワハラという問題が横たわっている以上、当事者同士でコミュニケーションはとりづらくなっています。そんなとき、間に立ってくれる人物がいることは、お互いにとってプラスになるはずです。

ただし、その立場に立つためには、どちらの肩を持つわけでもなく、両者と同じ距離感を保つ必要があります。どちらが正しいかの判断はわきに置き、あくまで中立性を維持することがポイントです。

第三者による「早期発見」「早期解決」を

パワハラ問題は、第三者がコミットすることで「早期発見・早期解決」につながります。第三者のサポートをまとめると、次の3つのステップになります。

①気づく

観察力と感性を発揮して、いつもと違う様子の人に気づきましょう。日ごろから周囲の人に関心を持ち、声をかけたり、相談に乗ったりするようにします。

②つなぐ

パワハラを目撃したり、被害者から相談を受けた場合は、被害者に相談窓口に行くようすすめましょう。被害者が動けない場合は、事情を聞いて代わりに通報します。

③支援する

問題解決のために、当事者に対してできる支援を行いましょう。たとえば、「当事者の相談に乗る」「行為者にフィードバックする」「被害者の代弁者になる」「お互いの仲介者になる」などです。

いずれの場合も、当事者からの信頼を得ているのが前提です。また、当事者の許可を得ずに、勝手に動きをとることは控えましょう。

パワハラ対応「こんなとき、どうしますか?」

では、実際にパワハラを見たとき、どう行動すればいいのか、一つのケースで簡単にシミュレーションしてみましょう。

【例】

あなたが働いているフロアで、他部署のAさんが、上司から人格否定を伴う激しい叱責を受けているのを目撃しました。また別の日には、同じ上司がAさんに対して、雇用不安を与えるような言葉を発し、Aさんが表情をこわばらせているのがわかりました。

このときあなたは、どんな対応をしますか。（当てはまる項目に✓印。複数回答可）

□被害者（Aさん）の相談に乗る

□行為者（Aさんの上司）に注意する

□社内の相談窓口（人事部、職場のハラスメント相談担当者など）に連絡する

□直属の上司に報告して、一緒に対応を検討する

□他部署のことなので介入しない

さて、チェックは入りましたか？　入ったとすれば、どの項目に入りましたか？

正解はありません。人それぞれ、置かれた立場や相手との関係性がありますから、どの対応が一番よいというのはないのです。最後の項目「他部署のことなので介入しない」以外なら、どれでも構いません。

「他部署のことだから」と、他人事として何もかかわらない、何も動かないのだけは避けましょう。

Ａさんの上司に注意するのは、かなりハードルが高いかもしれません。自分の立場や力量に応じて、自分にできることだけをすればよいのです。

パワハラを放置すると、ますます問題が根深くなり、解決が遠ざかります。今できることを即実行するのが、解決への近道です。

第三者のタスク

パワハラは、当事者だけでは解決が難しい問題ですが、そこに第三者が介入することで、対応がスムーズになったり、問題解決のスピードが増したりします。

「自分には関係がないから」「ほかの部門の話だから」と避けて通るのではなく、第三者としてやるべきことがあることを認識してください。パワハラのない職場は、一人ひとりがパワハラについて関心を持ち、積極的にかかわろうとする意識から生まれるのです。

第三者には、次の３つのタスクが求められます。

1　変化への気づきでパワハラを「見える化」する

2 「サポート」で当事者の問題解決力を上げる

3 「ベストな対応」より「迅速な対応」を意識する

ハラスメントの対応で優先すべきことは「迅速な対応」です。どちらが正しいのか、何がベストな対応なのか、詳しい状況はどんなものか、ほかに押さえておくべき事柄は何か、などを追求しはじめると、その分対応が遅れ、その間も当事者は苦しみ続けます。

まずはスピードを優先し、一刻も早く被害者が苦しみから抜け出せるようにサポートしてください。そのプロセスで、明らかになってきたことがあれば、軌道修正を図ればよいのです。いざ対応となると、迷いや不安が生じることもあると思いますので、職場の相談窓口、外部のホットラインなどの相談資源を積極的に活用することをおすすめします。

第5章のまとめ

◉第三者もパワハラの「見える化」に協力を

◉日ごろから周囲の人に関心を持とう

◉気になることがあれば声かけをしよう

◉当事者の悩みを聞いてあげるだけでもサポートになる

◉相談窓口につなぐのも第三者の役割

◉「パワハラを許さない」という意識を持とう

[第6章]

パワハラ相談を受ける技術

ここが知りたい！

▼相談があったら何から聞いたらいいの？

▼相談者の話をどこまで受け入れたらいいの？

▼どうやって面談を終わればいいの？

▼「相談内容を録音したい」と言われたら？

▼相談者に何をアドバイスすればいいの？

▼相談を受けても解決する自信がない……

ハラスメント担当者の役割

パワハラ防止法は、パワハラ指針において、相談窓口の設置だけでなく、「相談に適切に対応すること」を求めています。

ハラスメントを受けた被害者の相談を、会社側として最初に受け止める役割（一次対応）を担うのが、ハラスメント担当者です。ここでの対応が適切に行われないと、被害者に不信感を与えたり、被害者を傷つける「セカンドハラスメント」になってしまう可能性があります。問題がさらにこじれると、紛争に発展する恐れもあります。

ハラスメント担当者は、初動の重要性を認識し、担当者の役割と対応を十分理解しておくことが求められます。そのうえで、相談スキルを上げるために、トレーニングを行うことも大切になってきます。

この章では、担当者の皆さんが安心して相談を受けられるための重要ポイントを解説します。紹介する内容は、パワハラ相談のほかにも、セクハラ、マタハラ相談など、他の類型にも対応します。相談窓口担当者だけでなく、人事担当者、組合役員、管理職など、ハラスメント相談を受ける可能性がある方々も、身につけておきたい内容です。

ハラスメント担当者になったら

ハラスメント相談窓口の担当者になった場合の必要事項や注意すべき点を、10項目にまとめてみました。

①ハラスメントの基本を理解する

ハラスメントとは何か、何が問題で、どんな姿勢で臨むべきかなど、基本的な事柄を理解しておくことが必要です。パワハラに関しては、本書の第2章「パワハラの定義と構成要件」で解説しています。

②日ごろの言動に注意する

ハラスメント担当者には、相談者が安心して話せる場をつくる役割があります。その前提として、担当者自身が他の人から信頼される人物でなければなりません。

他人の噂話に花を咲かせたり、マナーのよくない振る舞いを繰り返したりしている人に、自分の大事な話を相談したいとは思いません。

ハラスメント担当者は、日ごろから自らの言動に注意して、安易に他人の話を漏らしたり、羽目を外すような行動は慎むべきです。

③担当者としての対応範囲を確認する

ハラスメント対応には、おおむね次のステップがあります。

第一段階は、「被害者相談」です。これは、窓口に被害を申し出た被害者に対して担当者が面談することで、一次対応と呼ばれます。

第二段階は、「事実確認」です。

パワハラの行為者や、周辺の第三者から話を聞くなどして、どのような行為が行われたのかを確認します。

第三段階は、「当事者への措置とフォロー」です。

確認された事実にしたがって、必要な措置を講じます。不当行為が認められれば、行為者の処分や配置転換などが発生するかもしれません。また、被害者へのアフターフォローも必要です。

第四段階は、「再発防止」です。

再び同じ被害を出さないための対策を打ち出し、実行していく必要があります。

この一連の対応のどこまでをハラスメント担当者が行うのかを、組織として事前に決めておくことが求められます。一次対応のみの場合と、その後のプロセスも担当する場合とでは、おのずと対応の仕方も変わってくるからです。担当者になったら、自分がどこまでの範囲を担当するのか、必ず確認するようにしましょう。

一般的には、一次対応（第一段階）までというケースが多いと思われます。というのは、それ以降の対応は、立場上担当者一人では難しい場合もあると考えられるからです。

④相談対応の手順、関連部署との連携方法を確認する

③で述べたプロセスを、だれが、どのように実行していくのかを決めておく必要があります。ハラスメントに対応し、解決に向かって進めていくためには、人事・労務の関係部署、健康管理室、コンプライアンス推進室など、さまざまな部署・部門と連携することに

なります。また、メンタルヘルスに問題がある場合は産業医や保健師、コンプライアンスに関わる場合は顧問弁護士など、専門家の協力も必要です。

問題が発生してから、これらの関係者や関係部署に対応をお願いしても、すぐには難しいと言われる可能性もあります。そうならないために、あらかじめルールを決めておき、問題が発生したら即対応できる体制を整えておくことが重要です。

⑤パワハラガイドライン（指針）を確認する

本書の第2章「パワハラの定義と構成要件」で一部触れていますが、パワハラ問題を取り扱う際には、厚生労働省が発表した指針が一つのベースになりますので、必ず確認するようにしてください（244ページ付録参照）。

⑥相談環境を確認する

相談を受ける場所を確認しておく必要があります。ほかの人に話を聞かれる恐れがなく、相談者のプライバシーが確保される個室を準備しておきましょう。社内に適当なスペースがない場合は、近隣の貸会議室などを探すのも一つの方法です。その場合、料金や予約の仕方も含めて調べておきましょう。

⑦相談記録票のフォーマットを準備する

相談窓口で相談を受けた場合、一次対応のメインは相談者からのヒアリングです。相談者の話に耳を傾けつつ、こちら側として必要な情報を収集しなければなりません。

その際に役に立つのが、「相談記録票」です。記録票にもとづいて相談を進めることで、聞き洩らした点がないかどうか、確認することができます。

相談記録票のフォーマットは、厚生労働省が開設しているポータルサイト「あかるい職場応援団」からダウンロードできます。エクセルのデータになっていますので、自社用にアレンジして使うこともできます。

⑧ハラスメント相談対応の基本を理解する

ハラスメント相談を受けるためには、相談対応の基本知識とスキルが必要です。

相談対応の基本については、この後の項目で解説します（182ページ）。

ただ、知識だけでは必ずしも十分とはいえません。厚生労働省や専門機関が行っているパワハラ相談のセミナーに参加する、あるいは専門講師を招いて研修を行うなどして、事例研究をしたり、ロールプレイングで体験したりして、ある程度の実践感覚を持っておきたいものです。

⑨相談時間を決める

相談時間が決まっていないと、とりとめのない話になって何が今回の案件で必要な事実なのかわからなくなってしまう可能性があります。時間を区切るからこそ、双方にこの時間を有効に使おうという意識が生まれます。

実際の相談時間ですが、人間の集中力には限界がありますから、50分程度が一般的です。相談者にはあらかじめ「相談時間は○分間です」「○時○分までということで、お話を伺います」などと伝えてから、相談を始めるようにします。

⑩ハラスメント担当者で役割を確認する

ハラスメント担当者は男女1名ずつ、計2名が選任されるケースが多いようです。これは、相談者が同性の担当者を希望する場合に対応するためでもあります。

相談記録票（例）

（表面）パワーハラスメント相談記録票　　受付NO

【相談者の情報】

相談受付日時	年　　月　　日
氏名	
所属	
連絡先（内線又は携帯）	
メールアドレス	
社員番号	

【内容】

いつ	誰から（相談者との関係）	どのような（受けた場所、状況、パワハラと感じた具体的な言動など）	同席者や目撃者の有無／所属や名前など
①　年　月　日　時ごろ			
②　年　月　日　時ごろ			
③　年　月　日　時ごろ			
④　年　月　日　時ごろ			

（厚生労働省「あかるい職場応援団」ハラスメント関係資料ダウンロード）

相談記録票（例）

（裏面）パワーハラスメント相談記録票

受付NO	

【相談内容の整理】

類型	具体例	相談内容への当てはめ	社内規程上の位置付け
①身体的な攻撃	暴行、傷害		
②精神的な攻撃	脅迫、名誉毀損、侮辱、ひどい暴言、人格否定的な発言		
③人間関係からの切り離し	隔離、会議・研修に出席させない、仲間外し、挨拶をしない、無視		
④過大な要求	業務上明らかに不要なことや遂行不可能なことの強制、仕事の妨害		
⑤過小な要求	能力・経験とかけ離れた程度の低い仕事の命令、仕事を与えない		
⑥個の侵害	私的なことに過度に立ち入る、プライバシーを暴露される		
①～⑥以外	退職強要、異動・配置転換、降格、権限を奪う、他人のミスの責任を負わせる、差別的な呼び方・あだ名で呼ぶ、監視をされる		

【相談者の生活・身体・精神への影響】

休暇取得	
時間外、休日労働	
身体面への影響	
精神面への影響	

【その他確認事項】

対象は自分だけか、人を区別して行われているのか	
上司、同僚、外部相談機関等への相談状況	
職場環境への影響	
相談者の希望 例：調査してほしい、指導してほしい、配置転換等の人事上の措置、様子を見たい、等	

そういう場合を除いて、一般的に慣れるまでは相談には2人で対応したほうがよいでしょう。

というのは、担当者は相談の記録をとらなければなりません。相手の話を受け止めながら、正確な記録をとるのは案外大変なものです。対応する側が2人いれば、一人は相手の話を聞くことに専念し、もう一人が記録係を務めるという役割分担ができます。記録係は、足りない情報をチェックしたり、補足の質問をしたりしてサポートもできます。

あらゆるケースを想定しておく

相談の中では、思わぬ事態に直面することもありえます。

たとえば、相談者から「ここでの相談内容を録音（録画）してもよろしいでしょうか？」という申し出があった場合、どうすればいいのでしょうか。

こういうことは、あらかじめ決めておかないと、担当者は戸惑うことになります。

仮に許可すれば相手側には話した内容が残り、こちらには何も証拠が残らないという状況が生まれます。軽々に「いいですよ」と言える話ではありません。

とはいえ、「許可できません」と断るためには、相応の理由や根拠を示す必要がありま す。どちらとも答えられなければ、担当者としての信頼を失います。担当者が場当たり的に対応することは、あとになってから解決困難な事態に発展しかねません。

こうした初動の対応のまずさが、相手に不信感を与え、ひいては「会社の対応が悪い」という主張につながることもあるのです。

担当者は、一個人として相談者の相談に応じているわけではなく、会社の代理人として相談を受ける立場です。担当者に落ち度があれば、会社側の不手際として問題にされる可能性があります。

このケースでいえば、「社内の情報管理の観点から、社内規定によりハラスメント相談の中では録音・録画はしないことになっています。相談内容は、私たちが記録に残していますので、開示の要求があればいつでも開示します。それでご了承いただけませんか」と伝える。それでも相手が「録音・録画したい」と主張する場合は、いったん面談を終了する、などと対応することを、あらかじめ会社として決めておく必要があります。

このように、ハラスメント相談では、担当者が対応に苦慮するケースも考えられますので、さまざまなケースを想定しておかなければなりません。セミナー・研修などで行われるケーススタディ、ロールプレイングで訓練を積み、スキルやノウハウを蓄積しておきたいものです。

被害者面談の手順①――導入

ハラスメント相談は、「導入」→「ヒアリング（傾聴）」→「クロージング」の3段階で構成されます。

担当者は、被害者が抱えている不安や恐れを少しでも解消するために「傾聴」を心がけると同時に、不安を解消するために必要な情報をていねいに伝えることが大切です。

ここでは、それぞれの段階での面談の具体的な進め方を解説します。

「導入」とは、相談の冒頭で、この面談についての骨子を相手に説明する場面のことです。最初の説明が長すぎると、本来の目的である相談になかなか入れず相談者に気をもませることになりますし、短すぎると説明不足になって相談者に必要な情報が伝わりません。

適度な時間でわかりやすく説明することが重要です。適度な時間とは、経験的にいえば30秒前後、文字数にすると200字前後と私は考えています。

ご参考までに、サンプル原稿を示すと、次のようになります。

「Aさん、お待ちしていました。

はじめまして、ハラスメント担当者のBです。

当社のハラスメント担当者として（①）、Aさんのお話を伺います。

相談時間は50分を予定しています（②）。お時間は大丈夫でしょうか。

相談内容はハラスメント対策メンバーのみ共有します（③）。

その他の人に漏らしたり、相談したことでAさんに不利益が生じることはありません（④）。どうぞ安心してお話しください。

事実確認の大事な部分は、メモを取ります（⑤）のでご了承ください。」

導入時に伝えるポイントは、5つあります（右の傍線）。

第1に、立場の表明です。担当者は、個人としてではなく、会社の窓口として相談担当にあたるということを相手に伝えると同時に、自分自身も自覚するようにします。

第2に、相談時間の伝達です。終わる時間が決まっているからこそ、この相談をクロージングすることができます。相談者にもあとの予定があるかもしれませんので、相手の都合も確認しておくとよいでしょう。

第3に、相談内容の情報開示の範囲を伝えます。担当者は、被害者からの相談を受けて、組織のハラスメント対策委員会などに情報を上げるはずです。そのことを最初に伝えておきます。でないと、「秘密は守られるといっていたのに、別の人が知っていた」という話になりかねません。関係者の名前を一覧にした紙を用意し、その場で見せるというやり方もあります。

第4に、この相談によって不利益が生じないことを伝えます。これは、パワハラ防止法の趣旨でもあり、必ず伝えなければならない重要な情報です。被害者に二次的な被害（セカンドハラスメント）が及ばないよう、万全の態勢で臨む必要があります。

第5に、メモを取ることの許可を得ます。担当者は、相談記録票に相談内容を記録する必要がありますので、メモは必要です。したがって、「メモを取ってもよろしいでしょうか？」とお伺いを立てるのではなく、「メモを取らせていただきます」と伝達する言い方にします。

万一、それでも「どうしてもとらないでほしい」という相談者が現れた場合は、無理やりにはできないので、メモなしで面談し、終了後すぐに記録を残すしかありません。相談者には、あらかじめ「途中で何度も確認をさせていただいたり、正確な事実が会社に残らなかったりする可能性がありますが、大丈夫ですか」と確認しておくとよいでしょう。

被害者面談の手順②——ヒアリング（傾聴）

担当者の役割は、被害者が安心して相談できるように配慮しつつ、起きた事実や被害者の要望をていねいに聞き取ることです。一次対応はあくまで「ヒアリング」の場であって、問題解決を図る場ではないことを意識することが重要です。担当者が解決を意識しすぎると、この場で最も重要なヒアリングがおろそかになります。

一次対応で確認する事柄は、おおむね決まっていて、相談記録票というフォーマットを準備していれば、それほど迷うことはありません。ただ、フォーマットに従ってただ聞いていくだけだと、形式的な事情聴取のようになってしまいます。これでは、被害者は落胆したり、余計に傷ついてしまう恐れもありますので、相手の気持ちに寄り添うことを忘れてはなりません。被害者の自尊心を大切にしましょう。

無理に記録票を埋めようとするのではなく、被害者の状態をよく見て、今日は答えられそうにないと判断すれば後回しにするなど、柔軟な対応を心がけます。

ヒアリングの基本は、「傾聴」です。傾聴とは、単に聞くだけではなく、相手の話を共感的に受け止め、言葉だけでなく声のトーンや表情・しぐさなどからも相手の気持ちを感じ取りながら耳を傾けることです。

それによって、被害者は「自分の話を受け止めてもらえた」「自分を理解してもらえた」と感じ、安心して話ができるようになります。そして話をすることで、あいまいだったことが具体的になったり、自身の中で気づきが得られるなど、次のステップに向けた一歩につながります。

ヒアリングの際、次のポイントに気をつけると、よりスムーズになります。

①相手の話すペースに合わせて応答する

②相手の話を途中でさえぎったり、否定したりしない

③相手の考え、感情、価値観を肯定的に受け入れる

④感情をこめてうなずいたり、相槌を打ったりする
⑤質問は、相手の考え、感情、価値観を正確に理解するために行う
⑥極力アドバイスはしない

相談記録票のフォーマットを利用する

ハラスメント担当者は相談記録を残す必要があり、そのためには必要項目を記した相談記録票のフォーマットを準備しておくと便利であることは、先ほど述べたとおりです（178ページ参照）。

参考までに、私が使用しているフォーマットに記載している項目と、その注意点をご紹介しておきます。

①行為者

行為者がわからなければ対応できませんが、被害者が「名前を口にしたくない」という場合、無理やり聞き出そうとするのは控えます。面談が進み、被害者が担当者を信頼でき

るようになれば、明らかにしてくれることもあります。

②行為者との関係

空欄に書かせるのではなく、「上司」「同僚」「部下」など、選択肢をつくって表記しやすくするのも一つの方法です。広く相談に応じられるよう「取引先」「その他」なども入れたほうがいいでしょう。

③いつ、どこで、どのように

これらは必須項目です。

④目撃者、証拠の有無

テクノロジーの進化により、音声やメール、画像・映像データ等が残されているケースが増えています。これらがあると、事実確認や立証に大きな力を発揮しますので、必ず確認しましょう。

⑤パワハラ行為を受けたときの相談者の反応

行為を受けたとき、どのように感じたかを聞いています。相談者にとってのインパクトの大きさを知るためです。

⑥行為を受けたときの対応

拒否できなかったらその理由、拒否できたのならその内容を聞き取ることで、行為者との力の関係性を知る手がかりにしています。例えば、「被害者が拒否の態度を示したがハラスメント行為は継続した」という事実は処分内容に影響を与えます。

⑦他の人にも同様の行為をしたか

他の人にも同じ行為をしているようであれば、相談者の許可を得たうえで、その人からも聞き取り調査をすることができます。

⑧相談の有無

他に相談している人や機関があるかどうかを把握しておきます。相反するアドバイスがあったり、対応がちぐはぐになったりして、結果的に相談者が困ることを未然に防ぐためでもあります。

⑨相談者と行為者の現在の関係

パワハラ行為が継続しているようであれば、緊急対応をする必要が出てきます。

⑩相談者の現在の心身の状態

現在の状態を聞くことで、パワハラ行為があった時点での状態（⑤）と比べて、ストレス反応がどう変化しているのかを知ることができます。

⑪相談者が望む解決策

どのような解決を望むのかは、相談者の気持ちが現れるところです。問題解決を急ぎすぎると、被害者が望んでいない対応を行ってしまうリスクが生じます。どうしたいかは相談者が決めることであって、組織としての解決の方向性にも影響しますので、大切に聞いてあげます。

実際のフォーマットに記載する項目は、それぞれの組織に合わせて作成してください。

被害者面談の手順③——クロージング

面談の始め方が大切であるのと同様に、面談の「終わり方」（クロージング）もたいへん重要です。クロージングを適切に行うことで、相談者は、「相談してよかった」と思え、安心して解決に向けた次のステップに踏み出すことができます。

では、クロージングのポイントを解説します。

①相談フォーマットで空欄になっている項目を確認する

漏れている箇所があれば、その項目について尋ねます。

②緊急性がなければ予定通りの時間で終了する

面談の冒頭で告知した終了時間を守るようにします。特別な理由がない限り、なんとなく話が続いて時間をオーバーすることは避けましょう。

③相談が早く終わりそうな場合、終了してもいいか確認する

確認すべき点がすべて確認できて、時間が余るようなら、早めに終了しても構いません。ただし、一方的に終了を宣言するのではなく、「時間が少し早いようですが、今日はここで終了させていただいてよろしいですか？」と、必ず相手の承諾を得てから終わるようにします。承諾を得ないまま終えると、「相談を打ち切られた」と思われる可能性があります。

④終了前に時間をとり、ヒアリング内容を確認する

終了時間の10分前、遅くとも5分前には、相談記録票に記載した内容を記録係が読み上げるなどして、内容にズレがないかどうか相談者に確認します。事実関係が正しく記載されているかどうかは、特に注意が必要です。

⑤終了前に時間をとり、言い足りないことはないか確認する

こちら側の情報収集が終わったとしても、そのまま終了に向かうのではなく、必ず相手に「言い足りないことはないか」を確認します。相談者は、ぎりぎりまで言うべきかどうか迷っていることを抱えている場合があります。最後の段階で少し促してみることで、「じつは……」と出てくることも少なくありません。

⑥終了前に時間をとり、今後の流れを説明する

相談した結果、その後どうなるのかがわからないと、相談者は不安になります。たとえば、行為者から話を聞くことを被害者が了承したならば、「行為者に面談のアポイントを取ります。結果や状況については、一週間以内にご連絡を差し上げます」など、今後のおおまかな動きを説明します。

⑦感謝の気持ちを伝える

相談者は、自分が相談してよかったのかどうか、また話し過ぎたのではないかなど、不安に思っているものです。担当者が「勇気をもって話してくださってありがとうございま

した」「率直にお話しくださったことに感謝します」などと伝えれば、相談者も安心できます。

⑧今後、不安なことがあったら、すぐに連絡するよう伝える

相談者を必ずサポートするという姿勢を伝えるためにも、いつでも連絡や相談をしてもよい旨を伝えておきます。

被害者面談の注意点

ここまで、被害者面談の「導入」→「ヒアリング（傾聴）」→「クロージング」という流れを見てきました。

まとめとして、被害者面談の全体的な注意点を10項目挙げておきます。ハラスメント担当者の姿勢・心構えとして、身につけていただきたいポイントです。

①丁寧な導入

導入は、相談者との信頼関係を築く最初の場面です。「手順①」（182ページ参照）で述べた点を、漏れのないように丁寧に伝えます。

②中立性の保持

担当者が、どちらかの肩を持つような態度を示してはいけません。担当者は、どちらが正しいのか、だれが悪いのかなどを判断する立場にはありません。

また、相手の話をすべて鵜呑みにするのではなく、相手の主観的な見方や思いとして、情報の一つとして受け取っていくことが大切です。あくまで客観的・中立的な立場を貫き、冷静に事実を確認していく姿勢が求められます。

とはいえ、事務的に作業をこなせばよいという意味ではありません。相手の心をほぐし、相手がリラックスして話ができるような、柔らかな場をつくることが担当者の役割です。穏やかな表情、やさしい言葉づかいや声のトーンなど、安心して話せる雰囲気の形成に努めてください。

③相談者への配慮

相談者は、悩みを抱えた状態で相談に訪れます。中には、メンタルヘルスに不調のある場合があるかもしれません。そういうときは、質問をしても、しばらく反応がなかったり、答えが返ってこなかったりすることもあります。そんなときは無理をせず、50分の面談時間が長すぎるようなら早めに切り上げたり、後日再度面談を設定するなど柔軟な対応を心がけてください。必要なら保健師や産業医との面談を設定するなど、できる範囲内で配慮したいものです。

また、異性の相談者には話しづらそうな雰囲気を感じたときには、同性の担当者に代わるなどの対応も必要です。

④傾聴の姿勢

「手順②」（185ページ参照）で述べた点を徹底します。相談者の不安をしっかり受け止めることで、相談者に「自分のことをわかってもらえた」「ここは何でも話せる場なんだ」という安心感が生まれます。

⑤主観的事実と客観的事実の区別

たとえば、「パワハラを受けた」という被害者の訴えは、被害者がとらえた主観的事実です。この段階で「パワハラがあった」という客観的な事実を認めることはできません。被害者は、起きた出来事をパワハラだと「評価」しているわけです。

ですので、担当者としては、まず「パワハラを受けたと感じていらっしゃるのですね」と被害者の評価を受け止めます。そのうえで「何があったのか」という事実を確認していくことになります。被害者の「評価」（主観的事実）と、「出来事」（客観的事実）を混同しないように注意が必要です。

⑥個人的な意見は控える

相談者からいろいろな話を聞かされると、担当者がつい自分の意見を言ったり、個人的なアドバイスを口にしたくなることがあります。

たとえ「これは個人的な考えだけれども……」という前置きを言ったとしても、個人的な考えを述べるのは禁物です。なぜなら、ハラスメント担当者は、会社から選任された立場であり、担当者が口にすることは、イコール、会社の見解とみなされるからです。担当者は、個人的な意見を述べる立場にはありません。個人的な見解、意見、アドバイスなどは一切控えるようにしてください。

⑦困ったことがあれば責任者に相談する

ハラスメントの問題は、担当者だけで解決することはできません。先ほども述べたように、そもそも相談窓口は解決の場ではありません。解決のための最初の手がかり、材料、きっかけを提供する場であり、それ以上は一次対応を担う担当者の仕事領域ではありません。

したがって、担当者が問題を抱え込まないことが大切です。困ったこと、判断に迷うことがあれば、迷わず上司に相談してください。相談者に対しても「責任者に確認してからお答えします」で問題ありません。担当者が問題を抱え込むことは、問題がそこで停滞することを意味し、被害者にとっても会社にとっても、よくないことです。

⑧相手が望んでいる解決法の確認

相談者は、何かしてほしいと思って相談に来ます。相談者が望んでいる解決の仕方、解決のあり方があるはずです。その通りになるかどうかは別として、それを確認しておくことが必要です。それを確認しないで、解決へと向かうことはできませんし、会社としては解決したつもりであっても、相談者にとっては「そういうやり方はしてほしくなかった」「それは解決になっていない」と思われてしまうこともありうるからです。

⑨専門家への適切な橋渡し

相手の状態によっては、専門家のフォローや協力が必要な場合があります。体調不良なら産業医や保健師、ストレスやメンタルの問題ならカウンセラー、労働や労務の問題なら社会保険労務士など、関係部署とも連携しながら適切な専門家につなぎます。

⑩丁寧なクロージング

「終わりよければすべてよし」という言葉があります。「手順③」（191ページ参照）で述べた点を実践し、丁寧に面談を終えることで、相談者の信頼感、安心感を高め、よりよい解決へと向かうことができます。

行為者面談、第三者面談の注意点

最後に、行為者面談、第三者面談をするときの注意点について、述べておきます。

被害者からの相談を受けて、次のステップに進むためには、パワハラをしたとされる「行為者」や、目撃その他の情報を持っていると考えられる「第三者」からも聞き取り調査を行う必要が出てきます。

これは、すでに一次対応の領域を超えており、担当者だけでは対応できないケースも考えられます。たとえば、行為者が担当者よりも上席者である場合など、一対一の面談は設定しづらく、たとえ設定できたとしても、スムーズに事実確認ができないことも考えられます。

このようなケースでも担当者が事案を推進しなければならない場合は、人事部の責任者に同席してもらったり、顧問弁護士、社会保険労務士、コンサルタントなどに相談し、同席を依頼するなどして対応する必要があるでしょう。

行為者面談や第三者面談を実施する場合は、それを行うことについて被害者からの同意を得ておいてください。

実施する際には、相手に面談の目的を伝える必要があります。まだパワハラであるという客観的事実が確定している段階ではないので、目的を告げるときに「パワハラ」という言葉を使う必要はありません。「職場環境のことで確認が必要なことがありますので、ご協力をお願いしたい」などと伝えて面談を実施するようにします。

行為者面談で注意すべきことは、次の3点です。

①行為者を加害者扱いしない

まだ被害者からの情報に基づいて調査している段階で、事実が確定したわけではありません。したがって、初めから行為者を加害者扱いするのではなく、中立的な立場から、あくまで事実を把握するために協力してもらうというスタンスで臨むべきです。

こちらが正論を主張するなど、相手を追い込むような言動もしないように気をつけます。

②行為をした背景、動機を把握する

セクハラの場合、性的な言動自体が業務とは無関係なので、行為者に背景や動機を語ってもらう必要はありません。理由の如何を問わずセクハラは禁止です。

パワハラの場合は、指導とパワハラの境界線が必ずしも明確とはいえないこともあり、被害者が「パワハラだ」と感じた行為の背景にどんな経緯があったのか、行為者の動機は何だったのかをつかんでおく必要があります。そのあたりの実態がパワハラかどうかの判断に影響を及ぼす可能性があるからです。

③面談後、被害者を責めたり、犯人探しをしないように伝える

パワハラ防止法において、相談者が不利益を被ることは禁止されています。相談をしたことで被害者を責めたり、通報したのはだれかなどを詮索したりする行為は、パワハラ防止法の趣旨に反します。絶対にしないように伝えてください。

第三者面談で注意すべきことは、次の3点です。

①個人の意見や感情ではなく、事実のみを話してもらう

第三者面談の時間は、長くとる必要はありません。30分程度が妥当でしょう。本人が見たこと、聞いたことなど、事実のみを話してもらいます。そこに個人的な解釈や意見を交えてもらう必要はありません。第三者面談の目的は、何が起きていたのかという客観的事実を確かめるために行うものです。第三者の思いや見解を聞く場ではないことに注意しましょう。

②情報開示は最小限にし、かつ周囲に面談内容を話さないよう伝える

第三者面談も、被害者の承諾を得たうえで実施しますが、被害者面談等で得た情報の開示は必要最小限にとどめます。また、この面談で話された内容を他人には漏らさないこと、この面談が実施されたこと自体も他人に話さないよう伝えます。

③ほかに事実関係を知っている人がいるかどうかを確認する

本人のほかにも、この事実を知る人がいるのであれば、事実関係がより明確になったり、事実の裏づけにつながる可能性があります。

行為者面談、第三者面談のどちらの場合でも、面談を終えるに際して、「面談後、思い出したことがあれば連絡してください」と伝えておくとよいでしょう。人はその場で聞かれてもすぐには思い出せないこともあります。あとになって思い返して出てきたことがあっても、わざわざ連絡をくれる人はまれです。ですので、あらかじめお願いしておくことをおすすめします。

また、いずれの面談であっても、面談を終える際には「ご協力いただき、ありがとうございました」「事実をお話しくださいましたことに感謝します」などと、面談に応じてくれたことへの感謝の言葉を述べましょう。

担当者のタスク

この章では、組織内でパワハラ問題が持ち上がったときに、相談窓口で初期対応にあたるハラスメント担当者の役割と注意点についてみてきました。

担当者には、次の3つのタスクが求められます。

1　担当者の役割と担当範囲を確認する

2　「問題解決」より「問題の把握」を意識する

3　ハラスメント相談の技術を身につける

ハラスメント担当者という職務を与えられたら、まず自分の担当範囲がどこまでなのかを確認してください。「担当者を置かなければならないから」と任命されたものの、被害者からの相談に応ずる一次対応のみを任務とするのか、それとも事実確認やその後の措置、再発防止まで一貫して携わるのか、あいまいなままだと適切な対応ができません。

担当者の対応範囲を明確にし、パワハラ問題の一次対応から、解決に向けてのステップ、再発防止まで、それぞれのプロセスをだれが主になって進めるのか、組織で共有しておく必要があります。

一次対応を担うハラスメント相談担当者は、問題の解決よりもまず、問題の把握に注力しなければなりません。問題発生と聞くと、人はすぐに「どうやって解決するか」に目を向けがちですが、相談担当者の役割は問題解決ではありません。問題解決のためには正しい情報が必要であり、その情報を得るためには「ヒアリング」が必要です。それを担っているのがハラスメント担当者です。

ハラスメント相談を適切に進めるためには、相応のスキルが求められます。任命されたら、その日から相談業務が担えるほど、この仕事は簡単ではありません。「導入」から「クロージング」まで、ハラスメント相談の手順を知り、相談にあたるスタンス・心構えを身につけましょう。また、各種専門機関が主催する研修に参加し、知識・ノウハウを得ると同時に、トレーニングを重ねて相談技術の向上に努めてください。

第6章のまとめ

- ◉日ごろから人が相談しやすいと思えるような振る舞いを
- ◉「導入→傾聴→クロージング」の相談手順を身につける
- ◉面談では中立を守り、客観的事実と相手の主観を区別する
- ◉記録票のフォーマットを準備し、記入漏れがないようにする
- ◉個人的な見解やアドバイスは厳禁
- ◉解決しようとしない。事実を明らかにする

［第7章］

パワハラ対策の実効性を高める

ここが知りたい！

▼やることがいっぱいなのに、そのうえパワハラ対策も？

▼パワハラがあったら、行為者を懲戒処分にすれば一件落着？

▼「パワハラにはあたらない」と組織が判断すれば、パワハラを訴えた人には我慢してもらうだけでいい？

▼パワハラの再発防止ってどうするの？

▼上司が叱ると、部下が「パワハラです」と訴えて困っている

▼うちは相談件数が1件だけだから、パワハラは少ないほう？

パワハラ対策プロジェクトのタスク

これまでの章で、パワハラの概要とそれを防止するための考え方・方法についてみてきました。職場におけるパワハラは、だれか一人の力でなくせるようなものではありません。経営者、管理職はもとより、一般社員の皆さまを含めて職場全体で、全員参加で取り組んではじめて防止できるものです。

本書では、パワハラ防止を組織に根づかせるための方策として「パワハラ防止プロジェクト」の実施を提言し、各章で対象者別のタスクを取り上げてきました。

第1章では「経営者」の皆さまに対して、強くて健全なパワーを発揮していただくための3つのタスクを提案させていただきました。

第2章では「共通のタスク」として、パワハラを正しく理解するための3つのタスクを取り上げました。

第3章では「管理者」向けに、マネジメントの視点でパワハラを防ぐタスクをご用意し

章	対象	3つのタスク
1	経営者	1　パワハラをアップデートする 2　トップダウンでプロジェクトを発足させる 3　トップのメッセージを発信する
2	共通	1　パワハラの本質と構造を理解する 2　パワハラを大きくとらえる 3　判断基準に焦点を当てない
3	管理職	1　関係性をマネジメントする 2　内的領域をマネジメントする 3　パワーマネジメントを実践する
4	一般社員	1　パワハラに対して受け身をとる 2　問題解決力を上げる 3　意味をとらえる力を育てる
5	第三者	1　変化への気づきでパワハラを「見える化」する 2　「サポート」で当事者の問題解決力を上げる 3　「ベストな対応」より「迅速な対応」を意識する
6	担当者	1　担当者の役割と担当範囲を確認する 2　「問題解決」より「問題の把握」を意識する 3　ハラスメント相談の技術を身につける
7	人事部	1　「選択と集中」でプロジェクトの実効性を高める 2　「予防」と「再発防止」を重視した取り組みを行う 3　「小さな芽」を摘むことを心がける

パワハラ対策プロジェクトのタスク

ました。

第4章では「一般社員」に向けて、自分をコントロールする技術を身につけることで、問題解決力の向上と自らのキャリアデザインを形成するタスクを提案しました。

第5章では「第三者」に向けて、傍観者になるのではなく、当事者意識をもって問題解決に臨み、働きやすい職場づくりに自ら関わることの大切さを3つのタスクで示しました。

第6章では、パワハラがあったとき最初に相談を受ける可能性が大きい「ハラスメント担当者」向けに、初期対応の重要性と面談技術についてのタスクを提示しました。

パワハラ防止プロジェクトを立ち上げ、これらのタスクが与えられたとしても、現場で実践されるとはかぎりません。プロジェクトの実効性を高める役割を担っているのが人事部です。

この章では、おもに人事部の皆さま方に、プロジェクトの実効性を高め、パワハラのない職場を実現するために何をすべきかについて解説します。

「選択と集中」で実効性を高める

今、企業にはさまざまな取り組みが求められています。健康経営、働き方改革、ダイバーシティ、女性活躍推進、ワークライフバランス、メンタルヘルス対策等々……。

これらにくわえて、今、対応を迫られているのがパワハラです。人事部としては、これまでに動かしてきた多くのプロジェクトを継続しながら、新たにパワハラ対策を推進しなければならなくなります。

多くのプロジェクトを同時並行的に管理する「プログラムマネジメント」を求められるわけですが、じつは各プロジェクトの取り組みには、内容が重複している部分も多くみられます。


第1章で、私は「パワハラ対策はすべての問題を解決する」と述べました（34ページ参照）。厚生労働省のパワハラ実態調査において、「パワハラの予防・解決のための取り組みを進めた結果、パワハラの予防・解決以外に得られた効果」を尋ねたところ、管理職の意識の変化をはじめ、従業員の意識の向上、職場風土の改善、メンタルヘルス不調者の減少など、総合的な効果が得られたのです。

限られた予算、限られた時間の中で、各プロジェクトをバラバラに推進するのは効率的ではありません。各種の取り組みをパワハラプロジェクトを軸に一本化することで、予算も時間も省くことができます。また、プロジェクトごとに分散していた情報を集約することで、少ない労力でより高い効果を上げることが期待できます。

当然、プロジェクト名もパワハラに特化したものではなく、「健康で生き生きと働くプロジェクト」などという趣旨の名前にして、求められるテーマに総合的に取り組むことを示す必要があるでしょう。このような、人事関連プロジェクトの「選択と集中」によって、効率的で実効性のあるプロジェクトの推進につなげてください。

重要になる再発防止プログラム

厚生労働省の労働政策審議会にて、パワハラ防止措置に関する指針が了承されました（2019年12月23日）。その中で、事業主が講ずべき措置のポイントをまとめると、以下の10項目になります。

【パワハラ指針に定められている事業主が講ずべき措置のポイント】
①パワーハラスメントの内容およびパワーハラスメントを行ってはならない旨の方針を明確化し、管理監督者を含む労働者に周知・啓発すること
②パワーハラスメントの行為者については、厳正に対処する旨の方針・対処の内容を

就業規則等の文書に規定し、管理監督者を含む労働者に周知・啓発すること
③相談窓口をあらかじめ定め、労働者に周知すること
④相談窓口の担当者が、相談に対し、その内容や状況に応じて適切に対応できるようにすること。また相談窓口においては、相談者の心身の状況等に配慮しながら、パワーハラスメントが現実に生じている場合だけでなく、その発生のおそれがある場合や、職場におけるパワーハラスメントに該当するか否か微妙な場合であっても、広く相談に対応し、適切な対応を行うようにすること
⑤事実関係を迅速かつ正確に確認すること
⑥事実が確認できた場合には、速やかに被害者に対する配慮のための措置を適正に行うこと
⑦事実が確認できた場合には、行為者に対する措置を適正に行うこと
⑧事実の有無にかかわらず再発防止に向けた措置を講ずること
⑨相談者・行為者等のプライバシーを保護するために必要な措置を講じ、労働者に周知すること。相談者・行為者等のプライバシーには、性的指向・性自認や病歴、不妊治療等の機微な個人情報も含まれるものであること

⑩相談をしたこと、事実関係の確認等の事業主の雇用管理上講ずべき措置に協力したこと、都道府県労働局に対して相談、紛争解決の援助を求め、もしくは調停の申請を行ったこと、調停の出頭の求めに応じたことを理由として、解雇その他不利益な取り扱いをされない旨を定め、労働者に周知・啓発すること

この中で、パワハラの予防（方針の決定と周知）や、パワハラが起きたときの対処（窓口での相談、事実確認、被害者や行為者への措置）については、体制を整える企業が増えています。

一つ私が危惧することは、パワハラへの対応ということで行為者への懲戒処分は行われるものの、⑧の再発防止は形式的なものにとどまり、実質的にはなかなか手が回らないという実態があることです。「再発防止」とひと言で言っても、行為者に対して何をすることが再発防止になるのか不透明ということもあるのかもしれません。

パワハラに対する措置が、行為者に対する懲戒処分だけで終わってしまうと、パワーが

全面停止されることになり、本人はパワーダウンを余儀なくされます。たとえば、「パワハラはしなくなったが、リーダーシップも全く発揮できなくなった」などです。これは、組織全体のパフォーマンスが低下することを意味します。

パワハラという問題が持ち上がったとき、行為者を罰することを最終的なゴールにするのではなく、行為者に教育の機会を与え、自分が持っているパワーをより健全な形で発揮できるように支援するのが、人事部の果たすべき役割ではないかと思います。

その一例が、パワハラ行為者に対する再発防止プログラムの実施です。

私が携わっているケースでは、行為者との面談を通して、パワハラを生み出す元となっている行為者のストレス状態を知るとともに、その本質的課題を明らかにし、解決に向けた取り組みについて話し合います。

第3章で述べた通り、私は「パワハラは個人と組織のストレス反応」であり、「職場の中にある多様なストレスが、個人の中、あるいは組織の中にある未解決の課題を浮き彫りにしている」と考えています（72ページ参照）。

パワハラ行為者は、ストレスを背景に、自らの認知（考え方）、感情、行動のいずれかに未解決の課題を抱えています。チェックシートなどを使いながら、面談を通して行為者の何に問題があったのかを共有していきます。そして、自らの課題に応じた対策（認知再構成法、感情マネジメント、行動療法などにもとづく）を立て、実践してもらいます。

内面に抱える問題は、自分自身ではなかなか見えてこないものです。こうした問題に対応するためには、やはり専門家によるカウンセリング的なかかわりや、コンサルテーション的なサポートが必要です。言葉による注意喚起、理屈による説得だけでは、根本的な解決にならないのがこの種の問題です。

私の場合は、初回面談の3か月後を目安にフォローアップ面談を行い、できたこと、できなかったことを話し合うなどして行動変容をサポートしています。

形だけではなく、実質の伴う再発防止プログラムを行うことで、パワハラ問題を処分だけに終わらせず、本人の再生と組織の強化につなげたいものです。

「パワハラ反応」の要因にアプローチする

パワハラ指針で示された10項目は、たしかに事業者の義務というべき重要な事柄ばかりですが、パワハラをストレス反応の一種とする見方からすれば、最終的に現れ出てきた「反応」に対する措置に重点が置かれている、という面は否めません。

では、その「反応」を引き起こす「要因」に対しては、何も触れられていないのかといえば、そうではありません。じつは、今回の指針には、「事業主がパワハラを防止するために講ずべき措置」（義務）のほかに、「事業主がパワハラを防止するために取組を行うことが望ましい」とされている事項があります。

その一つが、「コミュニケーションの活性化や円滑化のために研修等の必要な取組を行うこと」です。

具体的には、「定期的に面談やミーティングを行うこと」や、研修の開催（感情コントロール、コミュニケーションスキル、マネジメント等）が挙げられています。

もう一つは、「適正な業務目標の設定等の職場環境の改善のための取組を行うこと」です。

具体的には、「適正な業務目標の設定や適正な業務体制の整備」「業務の効率化による過剰な長時間労働の是正」が挙げられています。

パワハラ防止の実効性を高めるためには、「講ずべき措置」（義務）のところだけでは不十分です。根本的な防止のためには、指針の中の「取組を行うことが望ましい」とされている部分にこそ目を向け、実践することが大切です。

組織のパワハラ判断について

実際にパワハラ案件が持ち上がってきたとき、それがパワハラであるかどうかは、組織のハラスメント委員会等で判断されることになります。

詳しくは第2章「パワハラの定義と構成要件」で説明しましたが、表にある3つの要件を満たしたとき、パワハラと判断される可能性が高まります。

①優越的な関係	・職務権限、豊富な経験、専門性を有する者による言動 ・集団による行為でこれに抵抗又は拒絶することが困難であるもの
②業務上必要かつ相当な範囲を超えた	・業務上明らかに必要性のない言動 ・業務の目的を大きく逸脱した言動 ・業務を遂行するための手段として不適当な言動 ・行為の回数、行為者の数等、その態様や手段が社会通念に照らして許容される範囲を超える言動 この判断に当たっては、様々な要素（言動の目的、言動を受けた労働者の問題行動の有無や内容・程度を含む言動が行われた経緯や状況、業種・業態、業務の内容・性質、言動の態様・頻度・継続性、労働者の属性や心身の状況、行為者との関係性等）を総合的に考慮することが適当である
③労働者の就業環境が害される	労働者が身体的又は精神的に苦痛を与えられ、労働者の就業環境が不快なものとなったため、能力の発揮に重大な悪影響が生じる等労働者が就業する上で看過できない程度の支障が生じることを指す

組織のパワハラ判断（パワハラ指針）

ただ、その判断にあたっては、行為の内容や動機、背景、被害者のダメージの程度などが、総合的に考慮されます。指針の内容を目安にしながら、事実確認をしっかり行い、中身を精査したうえでの判断が求められます。

そのためには、ハラスメント相談担当者が丁寧にヒアリングを進めていくことが重要です。第6章で示した通り、ヒアリングは選任された担当者が何の準備もなくできるものではなく、相応のトレーニングが必要な仕事です。人事部としても担当者に対する研修・教育の機会をぜひ設けていただきたいと思います。

また、行為者に懲戒処分を下す際は、その

妥当性に十分注意しなければなりません。

とくに、重い処分を科す場合や、逆に「パワハラには当たらない」という判断を下す場合は、委員会だけで決めるのはリスクが大きいといえます。組織の判断が偏らないよう、弁護士や社会保険労務士など専門家の意見を聞き、明確な基準のもとで行うことが大切です。

「パワハラ判断後」の重要性

パワハラ案件は、持ち上がった事案がパワハラにあたるのかどうか判断され、パワハラにあたる場合は行為者に処分が下されるなどの措置が取られます。

それで「一件落着」と考えていたとすれば、それは大きな誤解です。

先ほど述べた「再発防止」に向けた取り組みなど、その後の対応も重要です（215ページ参照）。

また、仮に「パワハラではない」と判断された場合は、どうなるでしょうか。

組織としては、「不祥事にならずにひと安心」といえるでしょうか。

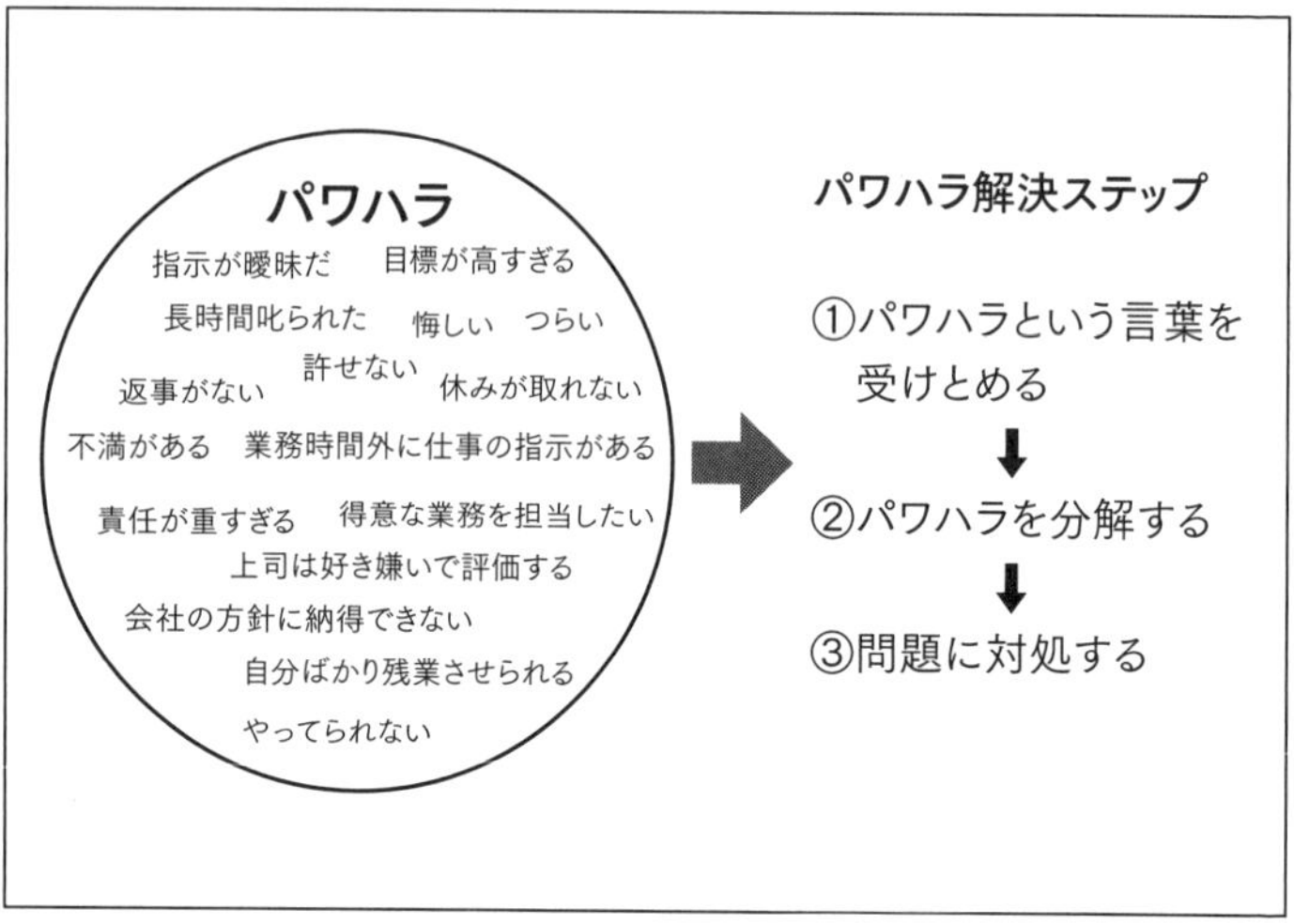
パワハラ
指示が曖昧だ
目標が高すぎる
長時間叱られた
悔しい
つらい
許せない
返事がない
休みが取れない
不満がある
業務時間外に仕事の指示がある
責任が重すぎる
得意な業務を担当したい
上司は好き嫌いで評価する
会社の方針に納得できない
自分ばかり残業させられる
やってられない
パワハラ解決ステップ
①パワハラという言葉を受けとめる
②パワハラを分解する
③問題に対処する

「パワハラの背後にある思い」とパワハラ解決ステップ

パワハラを受けたと訴えてくる人は、単に一つの出来事に関して声を上げているのではありません。図で示したような苦痛や不快感を伴うさまざまな感情を積み重ねてきた中で表出してきた思い、それが集約されたものが「パワハラ」なのです。

「パワハラではない」と判断することは、その人が直面した出来事の解釈だけでなく、その背後に積み重なってきた思い、気持ち、感情といったものを、すべて否定することになります。

たとえ組織が「パワハラではない」と判断したとしても、訴えた当事者はそれで納得できるわけではありません。それどころか、

「パワハラを訴えたのに認められなかった」と組織に対する不満や不信感を増幅させる可能性があります。

そのまま放置しては、挫折感、無力感におおわれてやる気を失ったり、あきらめの気持ちから退職したり、あるいは憤りを感じて訴訟に発展しないともかぎりません。

「パワハラではない」と判断したあとには、パワハラを訴えた人に対するフォローアップが必要なのです。

人がパワハラを訴える背景には、さまざまな思いや要素があります。それらの問題の集合体として「パワハラ」という言葉がつかわれています。したがって、「パワハラ」という言葉だけにとらわれていては、出来事の真相やその人の思いを知ることはできません。

必要なことは、「その人がパワハラと主張する出来事とは何なのか」「どのような理由、背景からその出来事が生じたのか」「それに対してどのような思いを持っているのか」「その人は最終的に何を望んでいるのか」など、一歩二歩と踏み込んで事情や経緯をていねいに聞き取り、明らかにしていくことです。

私たちは、抽象的な問題を解決することはできません。問題解決のためには、問題が具体的になっていなければなりません。その人が「パワハラ」と訴えているものが何を指しているのか、具体的にすることが必要です。

こうして、「パワハラを受けた」という思いをいったん受け止め、そこから「何があったのか」という事実、「どう思ったのか」という感情・考え、「どうしたいのか」という欲求などに分解していきます。分解ができれば、「パワハラ」という抽象的な問題ではなく、分解された個々の具体的な問題に対処していくことになります。

仕事の負荷や業務上の困りごとなのか、上司とのコミュニケーションギャップなのか、感情のすれ違いなのか、ワークライフバランスなど価値観の相違なのか……見えてきた具体的な問題に対して、会社としてできることは対応し、改善を図ります。相手の気持ちを一方的に否定することなく受け止め、共感したうえで、できないことは理由を述べて理解を求めていく姿勢が必要です。これはＡＩでは対処できません。対話というアナログな対応を通じてのみ、お互いの納得性を高めることができます。

大きな岩は持ち上げることはできなくても、砕いて小さな石にすれば、一つひとつを持ち上げることが可能になります。

「パワハラ」と呼ばれている大きな岩を「個々の具体的な問題」に分解し、それに対処することが大切なのです。

パワハラではないのにパワハラを訴えるケース

「パワハラ」という言葉がまだなかったころ、上司から理不尽な命令や不当な要求があっても、部下は従わざるを得ないという現実がありました。「パワハラ」が問題視されるようになってからも、「職場にいられなくなるのではないか」「周囲に迷惑をかけるのではないか」などの理由で、被害者が声を上げにくい状況が続いてきました。

しかし、ハラスメントに対する世の中の見方が厳しくなり、働き方改革やメンタルヘルス対策の必要性が高まる中で、国もようやく腰を上げ、これまで企業の自主性に任せていたパワハラ対策を、法律によって義務化することになりました。

パワハラを受けている人が泣き寝入りする必要は、もうなくなりました。勇気をもって相談窓口に足を運び、声を上げれば現状を変えられる――そんな状況が整いつつあります。

一方で、「パワハラ」という言葉がひとり歩きし、「パワハラ」という言葉を使うことで自分を優位な立場に立たせようとするケースも増えています。パワハラの被害を受けているわけでもないのに、上司に対して「パワハラではないか」と主張して、指示に従わなかったり、自分の要求を押し通そうとしたりする部下が出てくるなどです。

これは、パワハラ防止法の趣旨とは全く異なる自分勝手な「パワハラ」の利用です。

現代は、ネットで検索すればあらゆる情報を得られる時代です。昔ならコミュニケーションをとり、お互いの話し合いの中で合意形成を図るというプロセスがありましたが、今はそんな面倒なことをするより、情報に基づいて対抗し、自分が困っている問題を終わらせるほうが早いと考える傾向がみられます。

上司には「職務権限」というパワーがあります。それに対抗するためには、自分もパワーを持つ必要がある。部下という立場で最も強いパワーとして使えるのが「それってパワハラですよ」という言葉なのです。

そのひと言によって、「相手は加害者、自分は被害者」という構図が出来上がり、上司と部下という力関係を逆転できると考えるわけです。

じつはゲームの世界に、これと似たような構図があります。

強い力を持つ相手に対して、はじめは無力な自分であっても、戦うための「アイテム」を手に入れることで自分の力が増し、相手を倒すことができるのです。圧倒的に力の差がある最強の相手であっても、「レアカード」と呼ばれるひじょうに希少性の高いアイテムを入手できれば、一瞬にして力関係が逆転し、最強の相手を倒すことができる。

「それってパワハラですよ」という言葉は、いってみれば部下にとっての最強の「レアカード」なのです。

ただし、それにはリスクが伴います。「パワハラ」という最強のカードを実際に部下が切れば、組織としてはそれがパワハラにあたるのかどうかの判断を迫られます。仮に「パワハラではない」という結論が出た場合、部下としては最強のカードを使ってしまっているために、これ以上打つ手がありません。その瞬間、ゲームオーバーとなります。

それは、「それってパワハラですよ」という言葉の裏に込められた、不満やくやしさ、いやな思い、納得できない思い、本当はこうしたいという思い、自分の考えなどが、すべて認められなかったということを意味します。自分の大切な気持ちを理屈でねじ伏せられたのです。そんな事態になることは、本人も望んでいなかったはずです。

パワハラの被害を受けていない部下が、パワハラというカードを使って上司にパワーゲームを挑んでも、何もいいことは起こりません。いったんゲームが始まると、勝敗が決まるまでゲームを続けなければなりません。そして、実際にパワハラの被害を受けていないのなら、勝てる見込みはないのです。

それよりも、その背後にある自分の思いや考え方を相手に伝える努力をしたほうが、ずっと生産的です。伝え方のスキルの一つが、先にご紹介したIメッセージです（130ページ参照）。

上司と適切なコミュニケーションがとれるようになれば、自分の思いや考えが伝わりやすくなり、望む結果も得られやすくなるはずです。

パワーゲームではなく、パワーコミュニケーション（コミュニケーションに自分の能力を使うこと）――そのほうがお互いにメリットがあるのだということを、若い世代に伝えていく必要があると私は感じています。

「小さな芽」から摘み取る

労働災害の経験則の一つに「ハインリッヒの法則」があります。1件の重大事故の背後には29件の軽微な事故があり、さらにその背景には300件のヒヤリ・ハット（小さなミスや異常）がある、というものです。

パワハラにこれを当てはめると、1人のパワハラ被害者の背後には、29人の「パワハラを受けたと感じている人」がいて、さらにその背景には300人の「不満や不快感を抱えている人」がいる、ということになります。

問題が表面化するということは、表に出ないところで数多くの問題が発生しているということを示しています。

重大事故を防ぐためには、背後にある29件の軽微な事故をなくすこと。軽微な事故をなくすためには、その背景にある300件のヒヤリ・ハットを抽出し、なくしていくこと。これが安全管理の基本です。

パワハラ防止も同様です。1人の被害者を出さないためには、背後にいる「パワハラを受けたと感じている人」をなくすことです。そのためには、その背景にいる「不満や不快感を抱えている人たち」の存在を知り、彼らの気持ちを汲み取って、何らかの対応をとっていく必要があるのです。

具体的には、社内アンケートを実施して職場の実態把握に努めたり、研修を開催して職場の問題点を話し合うなど、働く人が悩みや不満を表に出しやすい仕組みを整えることが大切です。

パワハラを含めたハラスメント相談窓口の設置は必須になりますが、それだけではなく、もっと相談しやすい雰囲気をつくりあげるために職場相談会を定期的に実施するというのも一つの方法です。

パワハラ防止法の付帯決議には、「パワハラの判断に際しては平均的な労働者の感じ方を基準としつつ、労働者の主観にも配慮すること」が示されています。

働く人の不満や不快感を軽視してはいけない、ということです。不満や不快感が解消しないと、そこから問題は大きく発展していきます。「小さな芽」を摘むことが、パワハラ対策のポイントです。

人事部のタスク

この章では、パワハラへの対応を求められる人事部の皆さまに向けて、パワハラ防止プロジェクトの実効性を高めるためのポイントや、プロジェクト推進にあたって重視すべき点、考慮すべき事柄などについて述べてきました。

人事部のタスクは、次の3つです。

1 「選択と集中」でプロジェクトの実効性を高める

2 「予防」と「再発防止」を重視した取り組みを行う

3 「小さな芽」を摘むことを心がける

あらゆるプロジェクトは、メンバーがそれぞれのタスクを確実に実行することで、成果を上げることができます。パワハラ防止プロジェクトは全社的に取り組むプロジェクトであり、すべての構成員に実行すべきタスクが与えられています。

それが確実に実行されるようサポートするのが人事部です。同時並行的に推進されるさまざまな人事関連プロジェクトを、パワハラ防止を軸に一元化し、実効性を高めてください。

本書の第1章から第6章までで、それぞれの立場別のタスクを取り上げています。人事部として教育・研修の機会を持ったり、相談の場を設けたりするなどして、各員がタスクを実行できるよう支援しましょう。

パワハラ問題が起きたときの対処は、当然重要です。ですが、それが起きないようにすること（予防）、起きたときに二度と起こらないようにすること（再発防止）も重要です。コミュニケーションの活性化・円滑化、適正な業務目標の設定など職場環境の改善は、一朝一夕に成し遂げられることではありません。定期的な面談・ミーティングや研修の実施を通して、日ごろから意識の向上に努めてください。

1人のパワハラ被害者の後ろには、まだ声を上げていないパワハラ被害者が複数います。さらにその背後には、もっと大勢の不満や不快感を抱く人たちがいます。彼らの声を無視するのではなく、大きな問題になる前に汲み上げて、対処・改善を図ってください。

私は現在、年間200回以上、研修や講演会を行っています。ご依頼が最も多いテーマがパワハラです。そんな状況が、かれこれ10年間以上続いています。

その経験から、興味深いことがわかってきました。

それは、依頼されるお客様から、研修に関する要望をお聞きするだけで、その組織のパワハラに関する状況が、だいたい見えてくるようになったのです。

まず、要望が「管理職にパワハラを理解させてほしい」であれば、パワハラの問題はまだそれほど深刻ではないと想像できます。研修の目的は「予防」です。

ところが、「管理職の意識を変えてほしい」という要望になると、楽観できない状況であると解釈できます。実際にパワハラ相談が寄せられており、研修目的も予防だけではなく、何らかの具体的な対応法について求められます。

さらに、「管理職の行動を変えてほしい」と要望されると、かなり深刻な状況に陥っていることが推測されます。パワハラの防止に手を焼いていて、その解決を求められるケースが多くなります。

研修の目的が「パワハラの理解」である場合、まずは「ベーシックプログラム」の実施です。これはパワハラの基本的な知識や、働く人が持つべき意識について解説するのが主な内容になります。

「意識を変える」が目的になると、「ベーシックプログラム」だけでは不十分です。基本的な知識にくわえ、グループワークなどを通して参加者に「気づき」を与える必要があります。

「行動を変える」が目的になると、さらにハードルが高くなります。「基本知識」＋「気づき」に、「行動変容」を加えなければなりません。そのためのプログラムを研修に組み込むため、研修時間も長くなります。

このように、組織の状況によって研修に求めるものが変わります。それに応じて提供するプログラムのレベルも変えていく必要がありますので、実際に研修を導入する際には、そのあたりのすり合わせを十分にしておくことが大切です。

働き方改革の推進によって、教育にも効率が求められています。実際、「研修は1時間しか取れません」「2時間の研修で、ハラスメントとメンタルヘルス、コミュニケーションすべて入れてください」「全国にいる社員がTV会議システムで参加します」「eラーニングしかやりません」という声も増えています。「効率」を重視するほど「効果」は小さくなることを踏まえて、社内の教育方法を検討してください。

これまで企業は、実務や技術、あるいはマネジメントに関しては時間と費用をかけて教育・研修の機会を設けてきました。一方、メンタルヘルスやハラスメントについては、どちらかといえば後回し、やむをえず実施するというニュアンスであったことは否めないと思います。

しかし、状況は一変しました。第1章で述べた通り、メンタルヘルスは企業にとって労災リスクになりました。ハラスメントは、コンプライアンスの重要課題になりました。

パワハラへの取り組みは、もはや「後回し」「やむをえず」ではすまされません。提供する商品やサービスと同様に、経営にとって根本的に大事な要素になっています。それどころか、商品やサービスを生み出す前提である「人」の尊厳にかかわる問題であり、仮に問題が発生すれば企業の存続にすら影響する可能性があることを考えれば、何よりも最優先で取り組むべき課題であるといっても、決して過言ではありません。

この問題の矢面に立つ人事部の皆さまがまず、パワハラに関して深く理解するとともに、その問題意識や危機感をぜひ組織内の全員で共有できるよう、率先して取り組んでくださることを願っています。

第7章のまとめ

◉人事に求められるプロジェクトを、パワハラを中心に一本化する

◉定期的な面談やミーティングで、社内のコミュニケーションを活性化する

◉パワハラ行為者に重い処分を科す場合は、専門家の助言を受ける

◉「パワハラにあたらない」と判断したときは、訴えた人へのフォローアップを

◉上司にパワーゲームを挑む部下には、コミュニケーションを指導する

◉1人の被害者の後ろには、無言の不満を抱く多くの人がいることを意識せよ

あとがき

私が『パワハラをなくす教科書』(方丈社)を上梓したのは、2018年9月でした。翌2019年には「パワハラ防止法」が国会で成立し、2020年6月から施行となります。

本書『最新パワハラ対策完全ガイド』は、この「パワハラ防止法」を踏まえた企業・組織のパワハラ対策について、メンタルヘルスおよびハラスメント防止の専門家の立場からまとめたものです。

パワハラは、だれか一人の力で解決できる問題ではありません。パワハラを防ぐためには、職場の全員が当事者意識をもって、全社挙げてのプロジェクトとして取り組む必要があることを、本書では強調してきました。

それを実現するために、経営者、管理職、一般社員、ハラスメント担当者、人事部など、それぞれの人に、それぞれが置かれた立場によって、果たすべきタスクがあることも示してきました。
「自分は興味がない」「関係者がちゃんとやればいいだろう」などと、無関心な人や傍観者が増えると、プロジェクトは成功しません。ハラスメントは人権問題です。無関係な人はいません。すべての人が自分の問題として取り組んでこそ、実効性のあるプロジェクトになります。

パワハラのある組織は、その奥に根本的な問題、未解決の課題を抱えています。パワハラという現象は、「組織に不満が溜まっている」「解決していない課題がある」ことを知らせるサインです。無視したり、抑えつけたりせず、現実を直視してください。変化はそこから始まります。

問題の表出をきっかけに、お互いに尊重しあう職場風土をつくり、社内のコミュニケーションを深め、管理職のマネジメント能力の向上や、一般社員の人たちのやりがいの創出につなげてください。そうすれば、パワハラ問題を機に、組織のあらゆる問題が解決、あるいは解消に向かうにちがいありません。

「パワハラ対策プロジェクト」は、単にパワハラをなくすことだけを目的にしているのではありません。ハラスメント対策を、マイナスをゼロにするためだけの消極的な取り組みにしてしまうのは残念なことです。

ハラスメント対策とは、人間の尊厳を守る活動、働く人の価値を確かなものにする取り組みです。この活動が実を結ぶことで、すべての人が「健康で安心して働ける職場」「人が生き生きと働ける職場」が実現するはずです。ぜひマイナスをプラスに変えるチャンスととらえ、組織の健全化、人の活性化、経営の質の向上につなげていただければ幸いです。

私は、職場のストレスが社会問題化する中、働く人のメンタルヘルスの向上とキャリア形成をサポートするため、企業や組織に出向いてカウンセリングやセミナーを続けてきました。これからも、この活動をライフワークとし、微力ではありますが、働く人に寄り添う支援を大切にしていきたいと思います。

本書を最後まで読んでいただき、本当にありがとうございます。ご縁があれば、次回は現場でお会いできることを願っています。

最後になりましたが、本書の発刊にあたりましては、株式会社方丈社の宮下研一社長とライターの若林邦秀さんに大変お世話になりました。記して感謝の意を表します。

和田　隆

付録・厚生労働省パワハラガイドライン全文

事業主が職場における優越的な関係を背景とした言動に起因する問題に関して雇用管理上講ずべき措置等についての指針

傍線部分……セクシュアルハラスメント、妊娠・出産等に関するハラスメント、育児休業等に関するハラスメントの指針においても同様に改正
点線部分……セクシュアルハラスメント、妊娠・出産等に関するハラスメントの指針においても同様に改正

1　はじめに

この指針は、労働施策の総合的な推進並びに労働者の雇用の安定及び職業生活の充実等に関する法律（昭和41年法律第132号。以下「法」という。）第30条の2第1項及び第2項に規定する事業主が職場において行われる優越的な関係を背景とした言動であって、業務上必要かつ相当な範囲を超えたものにより、その雇用する労働者の就業環境が害されること（以下「職場におけるパワー

ハラスメント」という。）のないよう雇用管理上講ずべき措置等について、同条第3項の規定に基づき事業主が適切かつ有効な実施を図るために必要な事項について定めたものである。

2 職場におけるパワーハラスメントの内容

(1) 職場におけるパワーハラスメントは、職場において行われる①優越的な関係を背景とした言動であって、②業務上必要かつ相当な範囲を超えたものにより、③労働者の就業環境が害されるものであり、①から③までの要素を全て満たすものをいう。

なお、客観的にみて、業務上必要かつ相当な範囲で行われる適正な業務指示や指導については、職場におけるパワーハラスメントには該当しない。

(2) 「職場」とは、事業主が雇用する労働者が業務を遂行する場所を指し、当該労働者が通常就業している場所以外の場所であっても、当該労働者が業務を遂行する場所については、「職場」に含まれる。

(3) 「労働者」とは、いわゆる正規雇用労働者のみならず、パートタイム労働者、契約社員等いわゆる非正規雇用労働者を含む事業主が雇用する労働者の全てをいう。また、派遣労働者についてはは、派遣元事業主のみならず、労働者派遣の役務の提供を受ける者についても、労働者派遣事業の適正な運営の確保及び派遣労働者の保護等に関する法律（昭和60年法律第88号）第47条の4の規定により、その指揮命令の下に労働させる派遣労働者を雇用する事業主とみなされ、法第30条の2第1項及び第30条の3第2項の規定が適用されることから、労働者派遣の役務の提供を受ける者は、派遣労働者についてもその雇用する労働者と同様に、3(1)の配慮及び4の措置を講ずることが必要である。なお、法第30条の2第2項、第30条の5第2項及び第30条の6第2項の労働者に対する不利益な取扱いの禁止については、派遣労働者も対象に含まれるものであり、派遣元事業主のみならず、労働者派遣の役務の提供を受ける者もまた、当該者に派遣労働者が職場におけるパワーハラスメントの相談を行ったこと等を理由として、当該派遣労働者に係る労働者派遣の役務の提供を拒む等、当該派遣労働者に対する不利益な取扱いを行ってはならない。

(4) 「優越的な関係を背景とした」言動とは、当該事業主の業務を遂行するに当たって、当該言動を受ける労働者が当該言動の行為者とされる者（以下「行為者」という。）に対して抵抗又は拒絶することができない蓋然性が高い関係を背景として行われるものを指し、例えば、以下のもの等が含まれる。

・職務上の地位が上位の者による言動

・同僚又は部下による言動で、当該言動を行う者が業務上必要な知識や豊富な経験を有してお

り、当該者の協力を得なければ業務の円滑な遂行を行うことが困難であるもの
・同僚又は部下からの集団による行為で、これに抵抗又は拒絶することが困難であるもの

(5)

「業務上必要かつ相当な範囲を超えた」言動とは、社会通念に照らし、当該言動が明らかに当該事業主の業務上必要性がない、又はその態様が相当でないものを指し、例えば、以下のもの等が含まれる。

・業務上明らかに必要性のない言動
・業務の目的を大きく逸脱した言動
・業務を遂行するための手段として不適当な言動
・当該行為の回数、行為者の数等、その態様や手段が社会通念に照らして許容される範囲を超える言動

この判断に当たっては、様々な要素（当該言動の目的、当該言動を受けた労働者の問題行動の有無や内容・程度を含む当該言動が行われた経緯や状況、業種・業態、業務の内容・性質、当該言動の態様・頻度・継続性、労働者の属性や心身の状況、行為者との関係性等）を総合的に考慮することが適当である。また、その際には、個別の事案における労働者の行動が問題となる場合は、その内容・程度とそれに対する指導の態様等の相対的な関係性が重要な要素となることについても留意が必要である。

(6) 「労働者の就業環境が害される」とは、当該言動により労働者が身体的又は精神的に苦痛を与えられ、労働者の就業環境が不快なものとなったため、能力の発揮に重大な悪影響が生じる等当該労働者が就業する上で看過できない程度の支障が生じることを指す。

この判断に当たっては、「平均的な労働者の感じ方」、すなわち、同様の状況で当該言動を受けた場合に、社会一般の労働者が、就業する上で看過できない程度の支障が生じたと感じるような言動であるかどうかを基準とすることが適当である。

(7) 職場におけるパワーハラスメントは、(1)の①から③までの要素を全て満たすものをいい（客観的にみて、業務上必要かつ相当な範囲で行われる適正な業務指示や指導については、職場におけるパワーハラスメントには該当しない。）、個別の事案についてその該当性を判断するに当たっては、(5)で総合的に考慮することとした事項のほか、当該言動により労働者が受ける身体的又は精神的な苦痛の程度等を総合的に考慮して判断することが必要である。

このため、個別の事案の判断に際しては、相談窓口の担当者等がこうした事項に十分留意し、相談を行った労働者（以下「相談者」という。）の心身の状況や当該言動が行われた際の受け止めなどその認識にも配慮しながら、相談者及び行為者の双方から丁寧に事実確認等を行うことも重要である。

これらのことを十分踏まえて、予防から再発防止に至る一連の措置を適切に講じることが必要である。職場におけるパワーハラスメントの状況は多様であるが、代表的な言動の類型としては、以下のイからヘまでのものがあり、当該言動の類型ごとに、典型的に職場におけるパワーハラスメントに該当し、又は該当しないと考えられる例としては、次のようなものがある。

ただし、個別の事案の状況等によって判断が異なる場合もあり得ること、また、次の例は限定列挙ではないことに十分留意し、4(2)ロにあるとおり広く相談に対応するなど、適切な対応を行うようにすることが必要である。

なお、職場におけるパワーハラスメントに該当すると考えられる以下の例については、行為者と当該言動を受ける労働者の関係性を個別に記載していないが、(4)にあるとおり、優越的な関係を背景として行われたものであることが前提である。

イ　身体的な攻撃（暴行・傷害）

（イ）該当すると考えられる例

①殴打、足蹴りを行うこと。

②相手に物を投げつけること。

（ロ）該当しないと考えられる例

①誤ってぶつかること。

ロ　精神的な攻撃（脅迫・名誉棄損・侮辱・ひどい暴言）

（イ）該当すると考えられる例

①人格を否定するような言動を行うこと。相手の性的指向・性自認に関する侮辱的な言動を行うことを含む。

②業務の遂行に関する必要以上に長時間にわたる厳しい叱責を繰り返し行うこと。

③他の労働者の面前における大声での威圧的な叱責を繰り返し行うこと。

④相手の能力を否定し、罵倒するような内容の電子メール等を当該相手を含む複数の労働者宛てに送信すること。

（ロ）該当しないと考えられる例

①遅刻など社会的ルールを欠いた言動が見られ、再三注意してもそれが改善されない労働者に対して一定程度強く注意をすること。

②その企業の業務の内容や性質等に照らして重大な問題行動を行った労働者に対して、一定程度強く注意をすること。

ハ　人間関係からの切り離し（隔離・仲間外し・無視）

（イ）該当すると考えられる例

①自身の意に沿わない労働者に対して、仕事を外し、長期間にわたり、別室に隔離したり、自宅研修させたりすること。

②一人の労働者に対して同僚が集団で無視をし、職場で孤立させること。

（ロ）該当しないと考えられる例

①新規に採用した労働者を育成するために短期間集中的に別室で研修等の教育を実施すること。

②懲戒規定に基づき処分を受けた労働者に対し、通常の業務に復帰させるために、その前に、一時的に別室で必要な研修を受けさせること。

ニ　過大な要求（業務上明らかに不要なことや遂行不可能なことの強制・仕事の妨害）

（イ）該当すると考えられる例

①長期間にわたる、肉体的苦痛を伴う過酷な環境下での勤務に直接関係のない作業を命ずること。

②新卒採用者に対し、必要な教育を行わないまま到底対応できないレベルの業績目標を課し、達成できなかったことに対し厳しく叱責すること。

③労働者に業務とは関係のない私的な雑用の処理を強制的に行わせること。

（ロ）該当しないと考えられる例
①労働者を育成するために現状よりも少し高いレベルの業務を任せること。
②業務の繁忙期に、業務上の必要性から、当該業務の担当者に通常時よりも一定程度多い業務の処理を任せること。

ホ　過小な要求（業務上の合理性なく能力や経験とかけ離れた程度の低い仕事を命じることや仕事を与えないこと）
（イ）該当すると考えられる例
①管理職である労働者を退職させるため、誰でも遂行可能な業務を行わせること。
②気にいらない労働者に対して嫌がらせのために仕事を与えないこと。
（ロ）該当しないと考えられる例
①労働者の能力に応じて、一定程度業務内容や業務量を軽減すること。

ヘ　個の侵害（私的なことに過度に立ち入ること）
（イ）該当すると考えられる例
①労働者を職場外でも継続的に監視したり、私物の写真撮影をしたりすること。
②労働者の性的指向・性自認や病歴、不妊治療等の機微な個人情報について、当該

労働者の了解を得ずに他の労働者に暴露すること。

（ロ）該当しないと考えられる例

①労働者への配慮を目的として、労働者の家族の状況等についてヒアリングを行うこと。

②労働者の了解を得て、当該労働者の性的指向・性自認や病歴、不妊治療等の機微な個人情報について、必要な範囲で人事労務部門の担当者に伝達し、配慮を促すこと。

この点、プライバシー保護の観点から、へ（イ）②のように機微な個人情報を暴露することのないよう、労働者に周知・啓発する等の措置を講じることが必要である。

3 事業主等の責務

(1) 事業主の責務

法第30条の3第2項の規定により、事業主は、職場におけるパワーハラスメトを行ってはならないことその他職場におけるパワーハラスメントに起因する問題（以下「パワーハラスメント問題」という。）に対するその雇用する労働者の関心と理解を深めるとともに、当該労働者が他の労働者（他の事業主が雇用する労働者及び求職者を含む。(2)において同じ。）に対する言動に必要な注意を払うよう、研修の実施その他の必要な配慮をするほか、国の講ずる同条第1項の広報活動、啓発活動その他の措置に協力するように努めなければならない。なお、職場におけるパワーハラスメントに起因する問題としては、例えば、労働者の意欲の低下などによる職場環境の悪化や職場全体の生産性の低下、労働者の健康状態の悪化、休職や退職などにつながり得ること、これらに伴う経営的な損失等が考えられる。

また、事業主（その者が法人である場合にあっては、その役員）は、自らも、パワーハラスメント問題に対する関心と理解を深め、労働者（他の事業主が雇用する労働者及び求職者を含む。）に対する言動に必要な注意を払うように努めなければならない。

(2) 労働者の責務

法第30条の3第4項の規定により、労働者は、パワーハラスメント問題に対する関心と理解を深め、他の労働者に対する言動に必要な注意を払うとともに、事業主の講ずる4の措置に協力するように努めなければならない。

4 事業主が職場における優越的な関係を背景とした言動に起因する問題に関し雇用管理上講ずべき措置の内容

事業主は、当該事業主が雇用する労働者又は当該事業主（その者が法人である場合にあっては、その役員）が行う職場におけるパワーハラスメントを防止するため、雇用管理上次の措置を講じなければならない。

(1) 事業主の方針等の明確化及びその周知・啓発

事業主は、職場におけるパワーハラスメントに関する方針の明確化、労働者に対するその方針の周知・啓発として、次の措置を講じなければならない。

なお、周知・啓発をするに当たっては、職場におけるパワーハラスメントの防止の効果を高めるため、その発生の原因や背景について労働者の理解を深めることが重要である。その際、職場におけるパワーハラスメントの発生の原因や背景には、労働者同士のコミュニケーションの希薄化などの職場環境の問題もあると考えられる。そのため、これらを幅広く解消していくことが職場におけるパワーハラスメントの防止の効果を高める上で重要であることに留意することが必要である。

イ　職場におけるパワーハラスメントの内容及び職場におけるパワーハラスメントを行ってはならない旨の方針を明確化し、管理監督者を含む労働者に周知・啓発すること。

（事業主の方針等を明確化し、労働者に周知・啓発していると認められる例）

①就業規則その他の職場における服務規律等を定めた文書において、職場におけるパワーハラスメントを行ってはならない旨の方針を規定し、当該規定と併せて、職場におけるパワーハラスメントの内容及びその発生の原因や背景を労働者に周知・啓発すること。

②社内報、パンフレット、社内ホームページ等広報又は啓発のための資料等に職場におけるパワーハラスメントの内容及びその発生の原因や背景並びに職場におけるパワーハラスメントを行ってはならない旨の方針を記載し、配布等すること。

③職場におけるパワーハラスメントの内容及びその発生の原因や背景並びに職場におけるパワーハラスメントを行ってはならない旨の方針を労働者に対して周知・啓発するための研修、講習等を実施すること。

ロ　職場におけるパワーハラスメントに係る言動を行った者については、厳正に対処する旨の方針及び対処の内容を就業規則その他の職場における服務規律等を定めた文書に規定し、管理監督者を含む労働者に周知・啓発すること。

（対処方針を定め、労働者に周知・啓発していると認められる例）

①就業規則その他の職場における服務規律等を定めた文書において、職場におけるパワーハラスメントに係る言動を行った者に対する懲戒規定を定め、その内容を

労働者に周知・啓発すること。
②職場におけるパワーハラスメントに係る言動を行った者は、現行の就業規則その他の職場における服務規律等を定めた文書において定められている懲戒規定の適用の対象となる旨を明確化し、これを労働者に周知・啓発すること。

(2) 相談（苦情を含む。以下同じ。）に応じ、適切に対応するために必要な体制の整備

事業主は、労働者からの相談に対し、その内容や状況に応じ適切かつ柔軟に対応するために必要な体制の整備として、次の措置を講じなければならない。

イ 相談への対応のための窓口（以下「相談窓口」という。）をあらかじめ定め、労働者に周知すること。

（相談窓口をあらかじめ定めていると認められる例）
①相談に対応する担当者をあらかじめ定めること。
②相談に対応するための制度を設けること。
③外部の機関に相談への対応を委託すること。

ロ イの相談窓口の担当者が、相談に対し、その内容や状況に応じ適切に対応できるようにす

ること。また、相談窓口においては、被害を受けた労働者が萎縮するなどして相談を躊躇する例もあること等も踏まえ、相談者の心身の状況や当該言動が行われた際の受け止めなどその認識にも配慮しながら、職場におけるパワーハラスメントが現実に生じている場合だけでなく、その発生のおそれがある場合や、職場におけるパワーハラスメントに該当するか否か微妙な場合であっても、広く相談に対応し、適切な対応を行うようにすること。例えば、放置すれば就業環境を害するおそれがある場合や、労働者同士のコミュニケーションの希薄化などの職場環境の問題が原因や背景となってパワーハラスメントが生じるおそれがある場合等が考えられる。

（相談窓口の担当者が適切に対応することができるようにしていると認められる例）

①相談窓口の担当者が相談を受けた場合、その内容や状況に応じて、相談窓口の担当者と人事部門とが連携を図ることができる仕組みとすること。

②相談窓口の担当者が相談を受けた場合、あらかじめ作成した留意点などを記載したマニュアルに基づき対応すること。

③相談窓口の担当者に対し、相談を受けた場合の対応についての研修を行うこと。

(3) 職場におけるパワーハラスメントに係る事後の迅速かつ適切な対応

事業主は、職場におけるパワーハラスメントに係る相談の申出があった場合において、その事案に係る事実関係の迅速かつ正確な確認及び適正な対処として、次の措置を講じなければならない。

イ　事案に係る事実関係を迅速かつ正確に確認すること。

（事案に係る事実関係を迅速かつ正確に確認していると認められる例）

①相談窓口の担当者、人事部門又は専門の委員会等が、相談者及び行為者の双方から事実関係を確認すること。その際、相談者の心身の状況や当該言動が行われた際の受け止めなどその認識にも適切に配慮すること。また、相談者と行為者との間で事実関係に関する主張に不一致があり、事実の確認が十分にできないと認められる場合には、第三者からも事実関係を聴取する等の措置を講ずること。

②事実関係を迅速かつ正確に確認しようとしたが、確認が困難な場合などにおいて、法第30条の6に基づく調停の申請を行うことその他中立な第三者機関に紛争処理を委ねること。

ロ　イにより、職場におけるパワーハラスメントが生じた事実が確認できた場合においては、速やかに被害を受けた労働者（以下「被害者」という。）に対する配慮のための措置を適正に行うこと。

（措置を適正に行っていると認められる例）

①事案の内容や状況に応じ、被害者と行為者の間の関係改善に向けての援助、被害者と行為者を引き離すための配置転換、行為者の謝罪、被害者の労働条件上の不利益の回復、管理監督者又は事業場内産業保健スタッフ等による被害者のメンタルヘルス不調への相談対応等の措置を講ずること。

②法第30条の6に基づく調停その他中立な第三者機関の紛争解決案に従った措置を被害者に対して講ずること。

ハ　イにより、職場におけるパワーハラスメントが生じた事実が確認できた場合においては、行為者に対する措置を適正に行うこと。

（措置を適正に行っていると認められる例）

①就業規則その他の職場における服務規律等を定めた文書における職場におけるパワーハラスメントに関する規定等に基づき、行為者に対して必要な懲戒その他の措置を講ずること。あわせて、事案の内容や状況に応じ、被害者と行為者の間の関係改善に向けての援助、被害者と行為者を引き離すための配置転換、行為者の謝罪等の措置を講ずること。

②法第30条の6に基づく調停その他中立な第三者機関の紛争解決案に従った措置を

行為者に対して講ずること。

ニ　改めて職場におけるパワーハラスメントに関する方針を周知・啓発する等の再発防止に向けた措置を講ずること。なお、職場におけるパワーハラスメントが生じた事実が確認できなかった場合においても、同様の措置を講ずること。

（再発防止に向けた措置を講じていると認められる例）

①職場におけるパワーハラスメントを行ってはならない旨の方針及び職場におけるパワーハラスメントに係る言動を行った者について厳正に対処する旨の方針を、社内報、パンフレット、社内ホームページ等広報又は啓発のための資料等に改めて掲載し、配布等すること。

②労働者に対して職場におけるパワーハラスメントに関する意識を啓発するための研修、講習等を改めて実施すること。

(4)　(1)から(3)までの措置と併せて講ずべき措置

(1)から(3)までの措置を講ずるに際しては、併せて次の措置を講じなければならない。

イ　職場におけるパワーハラスメントに係る相談者・行為者等の情報は当該相談者・行為者等

のプライバシーに属するものであることから、相談への対応又は当該パワーハラスメントに係る事後の対応に当たっては、相談者・行為者等のプライバシーを保護するために必要な措置を講ずるとともに、その旨を労働者に対して周知すること。なお、相談者・行為者等のプライバシーには、性的指向・性自認や病歴、不妊治療等の機微な個人情報も含まれるものであること。

（相談者・行為者等のプライバシーを保護するために必要な措置を講じていると認められる例）

①相談者・行為者等のプライバシーの保護のために必要な事項をあらかじめマニュアルに定め、相談窓口の担当者が相談を受けた際には、当該マニュアルに基づき対応するものとすること。

②相談者・行為者等のプライバシーの保護のために、相談窓口の担当者に必要な研修を行うこと。

③相談窓口においては相談者・行為者等のプライバシーを保護するために必要な措置を講じていることを、社内報、パンフレット、社内ホームページ等広報又は啓発のための資料等に掲載し、配布等すること。

ロ　法第30条の2第2項、第30条の5第2項、第30条の6第2項の規定を踏まえ、労働者が職場におけるパワーハラスメントに関し相談をしたこと若しくは事実関係の確認等の事業主の雇用管理上講ずべき措置に協力したこと、都道府県労働局に対して相談、紛争解決の援助の求め若しくは調停の申請を行ったこと又は調停の出頭の求めに応じたこと（以下「パワーハラスメントの相談等」という。）を理由として、解雇その他不利益な取扱いをされない旨を定め、労働者に周知・啓発すること。

（不利益な取扱いをされない旨を定め、労働者にその周知・啓発することについて措置を講じていると認められる例）

①就業規則その他の職場における服務規律等を定めた文書において、パワーハラスメントの相談等を理由として、労働者が解雇等の不利益な取扱いをされない旨を規定し、労働者に周知・啓発をすること。

②社内報、パンフレット、社内ホームページ等広報又は啓発のための資料等に、パワーハラスメントの相談等を理由として、労働者が解雇等の不利益な取扱いをされない旨を記載し、労働者に配布等すること。

5　事業主が職場における優越的な関係を背景とした言動に起因する問題に関し行うことが望ましい取組の内容

事業主は、当該事業主が雇用する労働者又は当該事業主（その者が法人である場合にあっては、その役員）が行う職場におけるパワーハラスメントを防止するため、4の措置に加え、次の取組を行うことが望ましい。

(1) 職場におけるパワーハラスメントは、セクシュアルハラスメント（事業主が職場における性的な言動に起因する問題に関して雇用管理上講ずべき措置についての指針（平成18年厚生労働省告示第615号）に規定する「職場におけるセクシュアルハラスメント」をいう。以下同じ。）、妊娠、出産等に関するハラスメント（事業主が職場における妊娠、出産等に関する言動に起因する問題に関して雇用管理上講ずべき措置等についての指針（平成28年厚生労働省告示第312号）に規定する「職場における妊娠、出産等に関するハラスメント」をいう。）、育児休業等に関するハラスメント（子の養育又は家族の介護を行い、又は行うこととなる労働者の職業生活と家庭生活との両立が図られるようにするために事業主が講ずべき措置等に関する指針（平成21年厚生労働省告示第509号）に規定する「職場における育児休業等に関するハラスメント」をいう。）その他のハラスメントと複合的に生じることも想定されることから、事業主は、例えば、セクシュアルハラスメント等の相談窓口と一体的に、職場におけるパワーハラスメントの相談窓口を設置し、一元的に相談に応じることのできる体制を整備することが望ましい。

（一元的に相談に応じることのできる体制の例）

①相談窓口で受け付けることのできる相談として、職場におけるパワーハラスメントのみならず、セクシュアルハラスメント等も明示すること。

②職場におけるパワーハラスメントの相談窓口がセクシュアルハラスメト等の相談窓口を兼ねること。

(2) 事業主は、職場におけるパワーハラスメントの原因や背景となる要因を解消するため、次の取組を行うことが望ましい。

なお、取組を行うに当たっては、労働者個人のコミュニケーション能力の向上を図ることは、職場におけるパワーハラスメントの行為者・被害者の双方になることを防止する上で重要であることや、業務上必要かつ相当な範囲で行われる適正な業務指示や指導については、職場におけるパワーハラスメントには該当せず、労働者が、こうした適正な業務指示や指導を踏まえて真摯に業務を遂行する意識を持つことも重要であることに留意することが必要である。

イ　コミュニケーションの活性化や円滑化のために研修等の必要な取組を行うこと。

（コミュニケーションの活性化や円滑化のために必要な取組例）

①日常的なコミュニケーションを取るよう努めることや定期的に面談やミーティン

グを行うことにより、風通しの良い職場環境や互いに助け合える労働者同士の信頼関係を築き、コミュニケーションの活性化を図ること。

②感情をコントロールする手法についての研修、コミュニケーションスキルアップについての研修、マネジメントや指導についての研修等の実施や資料の配布等により、労働者が感情をコントロールする能力やコミュニケーションを円滑に進める能力等の向上を図ること。

ロ　適正な業務目標の設定等の職場環境の改善のための取組を行うこと。

（職場環境の改善のための取組例）

①適正な業務目標の設定や適正な業務体制の整備、業務の効率化による過剰な長時間労働の是正等を通じて、労働者に過度に肉体的・精神的負荷を強いる職場環境や組織風土を改善すること。

(3)　事業主は、4の措置を講じる際に、必要に応じて、労働者や労働組合等の参画を得つつ、アンケート調査や意見交換等を実施するなどにより、その運用状況の的確な把握や必要な見直しの検討等に努めることが重要である。なお、労働者や労働組合等の参画を得る方法として、例えば、労働安全衛生法（昭和47年法律第57号）第18条第1項に規定する衛生委員会の活用なども考えられる。

6 事業主が自らの雇用する労働者以外の者に対する言動に関し行うことが望しい取組の内容

3の事業主及び労働者の責務の趣旨に鑑みれば、事業主は、当該事業主が雇用する労働者が、他の労働者（他の事業主が雇用する労働者及び求職者を含む。）のみならず、個人事業主、インターンシップを行っている者等の労働者以外の者に対する言動についても必要な注意を払うよう配慮するとともに、事業主（その者が法人である場合にあっては、その役員）自らと労働者も、労働者以外の者に対する言動について必要な注意を払うよう努めることが望ましい。

こうした責務の趣旨も踏まえ、事業主は、4(1)イの職場におけるパワーハラスメントを行ってはならない旨の方針の明確化等を行う際に、当該事業主が雇用する労働者以外の者（他の事業主が雇用する労働者、就職活動中の学生等の求職者及び労働者以外の者）に対する言動についても、同様の方針を併せて示すことが望ましい。また、これらの者から職場におけるパワーハラスメントに類すると考えられる相談があった場合には、その内容を踏まえて、4の措置も参考にしつつ、必要に応じて適切な対応を行うように努めることが望ましい。

7 事業主が他の事業主の雇用する労働者等からのパワーハラスメントや顧客等からの著しい迷惑行為に関し行うことが望ましい取組の内容

事業主は、取引先等の他の事業主が雇用する労働者又は他の事業主（その者が法人である場合にあっては、その役員）からのパワーハラスメントや顧客等からの著しい迷惑行為（暴行、脅迫、ひどい暴言、著しく不当な要求等）により、その雇用する労働者が就業環境を害されることのないよう、雇用管理上の配慮として、例えば、(1)及び(2)の取組を行うことが望ましい。また、(3)のような取組を行うことも、その雇用する労働者が被害を受けることを防止する上で有効と考えられる。

(1) 相談に応じ、適切に対応するために必要な体制の整備

事業主は、他の事業主が雇用する労働者等からのパワーハラスメントや顧客等からの著しい迷惑行為に関する労働者からの相談に対し、その内容や状況に応じ適切かつ柔軟に対応するために必要な体制の整備として、4(2)イ及びロの例も参考にしつつ、次の取組を行うことが望ましい。

また、併せて、労働者が当該相談をしたことを理由として、解雇その他不利益な取扱いを行ってはならない旨を定め、労働者に周知・啓発することが望ましい。

イ 相談先（上司、職場内の担当者等）をあらかじめ定め、これを労働者に周知すること。

ロ イの相談を受けた者が、相談に対し、その内容や状況に応じ適切に対応できるようにすること。

(2) 被害者への配慮のための取組

事業主は、相談者から事実関係を確認し、他の事業主が雇用する労働者等からのパワーハラスメントや顧客等からの著しい迷惑行為が認められた場合には、速やかに被害者に対する配慮のための取組を行うことが望ましい。

（被害者への配慮のための取組例）

事案の内容や状況に応じ、被害者のメンタルヘルス不調への相談対応、著しい迷惑行為を行った者に対する対応が必要な場合に一人で対応させない等の取組を行うこと。

(3) 他の事業主が雇用する労働者等からのパワーハラスメントや顧客等からの著しい迷惑行為による被害を防止するための取組

(1)及び(2)の取組のほか、他の事業主が雇用する労働者等からのパワーハラスメントや顧客等からの著しい迷惑行為からその雇用する労働者が被害を受けることを防止する上では、事業主が、こうした行為への対応に関するマニュアルの作成や研修の実施等の取組を行うことも有効と考えられる。また、業種・業態等によりその被害の実態や必要な対応も異なると考えられることから、業種・業態等における被害の実態や業務の特性等を踏まえて、それぞれの状況に応じた必要な取組を進めることも、被害の防止に当たっては効果的と考えられる。

（パワハラ指針「第24回労働政策審議会雇用環境・均等分科会にて了承された内容（２０１９年12月23日）：公示２０２０年1月中旬予定」）

［参考文献］

『職場のパワーハラスメント防止対策についての検討会報告書』
（厚生労働省・　２０１８年）
『脳・心臓疾患と精神障害の労災補償状況』（厚生労働省・２０１９年）
『平成３０年中における自殺の状況』
（厚生労働省自殺対策推進室・２０１９年）
『あかるい職場応援団』（厚生労働省啓発用ポータルサイト）
『パワーハラスメント対策導入マニュアル（第３版）』（厚生労働省）
『広報会議』
（株式会社宣伝会議・社会情報大学院大学出版部発行・２０１９年）
『職場のハラスメント相談の手引き』
（公益財団法人２１世紀職業財団・２０１７年）
『新 相談対応マニュアル』
（公益財団法人２１世紀職業財団・２０１４年）
水島広子『自分でできる対人関係療法』（創元社・２０１０年）

和田　隆 わだ　たかし

メンタルプラス株式会社代表取締役
ウェルリンク株式会社シニアコンサルタント
東京消防庁消防学校講師
大学卒業後、旅行会社、スポーツクラブ運営会社で主に商品企画業務に従事。その後、職場のストレスが社会問題化する中、心の健康を大切にする支援をライフワークとするため、メンタルヘルスケアに取り組む。現在、カウンセラー、コンサルタントをする傍ら、ハラスメント、メンタルヘルス、睡眠改善、コミュニケーション等をテーマに、民間企業、官公庁、教育機関等で、講演・指導を行っている。受講者は１０万人を超える。ハラスメント防止コンサルタント、1級キャリアコンサルティング技能士、シニア産業カウンセラー。著書に『パワハラをなくす教科書』『仕事のストレスをなくす睡眠の教科書』（方丈社）がある。

最新《さいしん》パワハラ対策完全《たいさくかんぜん》ガイド

2020年2月10日　第1版第1刷発行

著　者　　和田《わだ》　隆《たかし》
発行人　　宮下研一
発行所　　株式会社方丈社
〒101-0051
東京都千代田区神田神保町1-32　星野ビル2F
Tel.03-3518-2272 ／ Fax.03-3518-2273
http://www.hojosha.co.jp/
装丁デザイン　ランドフィッシュ
編集協力　　若林邦秀
印刷所　　中央精版印刷株式会社

ISBN978-4-908925-60-3